콩 농사짓는 마을에 가 볼래요?

❖ 일러두기

- 1부의 농사짓는 방법은 취재에 따랐습니다. 농사법은 지역이나 토질, 날씨 그리고 농부마다 다를 수 있습니다. 주로 취재한 곳은 전라북도 완주입니다. 그밖에 경기도 일산과 파주, 충청북도 청원, 경상북도 경주, 지리산 둘레길 등도 취재했습니다.
- 2부의 식물의 이름, 학명, 개화 시기 등은 국가생물종지식정보시스템(http://www.nature.go.kr/)과 취재 내용을 따랐습니다. 식물을 취재한 곳은 경기도 광명, 파주, 문산, 용인, 광릉 국립수목원, 서울 마포구 성미산과 양천구 신정동, 월드컵공원, 서오릉, 강원도 원주, 충청북도 청원, 지리산 등지입니다.

철수와영희 어린이 인문생태그림책 ❷

콩 농사짓는 마을에 가 볼래요?

제1판 제1쇄 2013년 7월 12일
제1판 제5쇄 2021년 12월 1일

기획 _ 바람하늘지기, 책도둑(김민호, 박정훈, 박정식)
글 _ 노정임
그림 _ 안경자
감수 _ 이정모
도움 주신 분 _ 노환철
디자인 _ 토가 김선태

펴낸이 _ 김은지
펴낸곳 _ 철수와영희
주소 _ 서울시 마포구 월드컵로 65, 302호(망원동, 양경회관)
전화 _ 02-332-0815
전송 _ 02-6003-1958
전자우편 _ chulsu815@hanmail.net
등록 _ 제319-2005-42호
ISBN 978-89-93463-44-6 77400

ⓒ 바람하늘지기, 노정임, 안경자 2013

* 이 책에 실린 일부나 전부를 다른 곳에 쓰려면 반드시
  저작권자와 철수와영희 모두한테서 동의를 받아야 합니다.
* 잘못된 책은 출판사나 처음 산 곳에서 바꾸어 줍니다.
* 철수와영희 출판사는 '어린이' 철수와 영희, '어른' 철수와 영희에게
  도움 되는 책을 펴내기 위해 노력하고 있습니다.

어린이제품 안전특별법에 의한 기타 표시사항

제품명 도서 | **제조자명** 철수와영희 | **제조국명** 한국 | **전화번호** (02)332-0815 | **제조연월** 2021년 12월 | **사용연령** 8세 이상
주소 04018 서울시 마포구 월드컵로 65, 302호(망원동, 양경회관)
주의사항 종이에 베이거나 긁히지 않도록 조심하세요. 책 모서리가 날카로우니 던지거나 떨어뜨리지 마세요.

철수와영희 어린이 인문생태그림책 ❷

콩 농사짓는 마을에 가 볼래요?

기획 **바람하늘지기** | 글 **노정임** | 그림 **안경자** | 감수 **이정모**

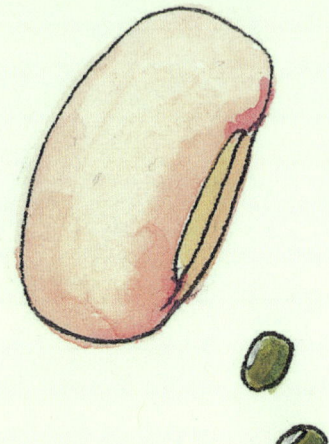

머리말

우리는 날마다 콩을 먹어요

콩밥 좋아해요? 고백하자면 나는 콩밥을 무척 싫어했어요. 어릴 때부터 가리는 것 없이 잘 먹었지만, 딱 하나 콩이 들어간 밥은 먹지 않았어요. 콩밥을 한 날이면, 콩을 다 골라서 엄마 밥그릇에 올리고 나는 쌀밥만 먹었답니다. 그런데 그렇게 다 골라냈는데도 나는 날마다 콩을 먹고 있더라고요! 어찌된 일일까요?
후룩후룩 밥 말아서 먹는 구수한 된장국, 간장 넣고 조물조물 무친 나물, 오이나 풋고추를 푹 찍어서 먹던 고추장, 또 두부조림, 콩나물무침도 좋아하는데, 이 모든 반찬이 다 콩으로 만든 거였어요!

우리는 대부분 콩으로 만든 간장, 된장, 고추장이 들어간 음식을 하루도 빠짐없이 먹고 있어요. 그러니까 우리는 콩을 날마다 먹고 있는 거예요. 왜 우리나라 사람들은 이렇게 콩을 많이 먹을까요? 우리나라는 언제부터 콩을 먹은 걸까요? 콩은 어디서 어떻게 기를까요? 장은 어떻게 담그고, 또 다른 콩 음식은 무엇이 있을까요? 건강한 콩을 미래에도 먹으려면 어떻게 해야 할까요? 콩에 대한 궁금증들이 줄줄줄 이어지지요.

세계 사람들이 농사를 짓는 재배 작물 가운데 벼와 콩의 비중이 30퍼센트로 매우 높아요. 대개 벼와 밀이 주식이지만, 그에 못지않게 중요하고 많이 먹는 작물이 바로 콩이랍니다. 이렇게 중요한 식량작물이란 것도 잘 알고 있으면서 정작 콩에 대한 지식과 정보는 잘 알려져 있지 않아요.

왜 그럴까요? 내 생각에는 너무 친숙하기 때문인 것 같아요. 늘 가까이 있어서 오히려 찬찬히 살펴볼 기회가 없던 거지요. 눈에 띄는 희귀한 식물을 보면 신기하게 들여다보지만, 친숙한 식물은 세심하게 관찰하지 않거든요.

그럴 때 방법이 있어요. 그 식물만 따로 떼어서 보는 거예요. 그래서 이 책에서 콩에 대해 곰곰이 생각하고, 찬찬히 들여다보고, 과거와 현재와 미래를 이야기해 보려고 해요. 그러면 콩이 담고 있는 풍부한 이야기가 들리고, 복작복작 살아가는 콩밭의 생태계가 보여요. 또 다양한 음식이 되는 콩의 무한한 변신에 감동하고, 농촌과 농사와 농부의 마음을 읽게 되며, 오늘날 겪고 있는 식량문제까지 모두 알 수 있을 거예요.

하나 더 고백하자면, 지금도 나는 콩밥을 그리 좋아하지는 않아요. 하지만 콩에 대해 공부하고 이 책을 쓰고 나서는 콩밥을 싫어하지 않게 되었답니다. 가끔 일부러 콩밥을 지어먹게 되었어요. 콩을 물에 담가서 통통하게 불렸다가 밥을 하면 콩이 포슬포슬 부드럽고 고소한 맛이 나요. 나는 이제 콩밥의 맛을 알아가는 중이에요.
여러분은 콩을 싫어하나요, 아니면 좋아하나요? 콩을 싫어하든 좋아하든 이제부터 콩에 대한 모든 것을 알고 나면 콩이 새롭게 보이고 더욱 친근해질 거예요.

날마다 먹고 있는 콩에 대해, 우리 함께 알콩달콩 알아보러 가 볼까요?

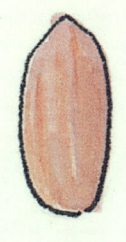

2013년 7월 노정임

차례

머리말 ___ 6

1 그림책 · 콩

콩은 무엇일까요? ___ 14
쌀밥과 무척 잘 어울리는 콩 ___ 16
우리나라 사람들은 언제부터 콩을 먹었을까요? ___ 18
콩은 어떻게 기를까요? ___ 20
콩밭에서 만난 동물과 식물 ___ 28
논두렁과 밭두렁에도 콩을 심어요 ___ 30
두부도 만들고 메주도 쑤어요 ___ 32
콩과 떼려야 뗄 수 없는 우리 문화 ___ 35
관심을 가져야 할 오늘날의 콩 ___ 38
미래에도 건강한 콩을 먹으려면 어떻게 해야 할까요? ___ 40

2 도감 · 콩과 식물

- **콩과 식물의 특징** ___ 44
- **콩과 풀**

  나비나물 ___ 46
  돌콩 ___ 47
  매듭풀 ___ 48
  살갈퀴 ___ 49
  새팥 ___ 50
  얼치기완두 ___ 51
  자귀풀 ___ 52
  자운영 ___ 53
  토끼풀 ___ 54
  활나물 ___ 55

- **콩과 나무**

  등나무 ___ 56
  박태기나무 ___ 57
  싸리나무 ___ 58
  아까시나무 ___ 59
  자귀나무 ___ 60
  칡 ___ 61
  회화나무 ___ 62

체험, 나도 농부! ___ 63
참고 도서 ___ 66

맛있겠다.

우리나라를 대표하는 다섯 가지 음식이 차려져 있어요.
이 가운데에 우리나라 사람들이 가장 좋아하는
음식은 과연 무엇일까요? 여러분도 한번 골라 보세요.

된장찌개 김치 비빔밥
김치찌개 불고기

정답은 '된장찌개'예요. 어린이 친구들이 '나는 아니다'라고 하는 말이 들리는 것 같네요.
맞아요. 이 설문 조사는 15살 이상의 언니 오빠들과 어른들에게 한 거랍니다.
우리나라 사람들이 왜 된장찌개를 가장 좋아하는지 궁금하지요?
된장의 재료가 되는 '콩'과 콩에 얽힌 우리의 음식 문화를 두루두루 살펴보면
그 답을 찾을 수 있을 거예요.

1

그림책

콩

콩은 무엇일까요?

여기는 콩 마을이에요. 해마다 콩 농사를 지어요.
콩 마을에 오면 콩에 대해 요모조모 다 알 수 있어요.
아 참, 마을에는 다음 질문에 답을 한 사람만 들어갈 수 있어요.
너무 어렵지 않을까 걱정하지 마세요.
'숙맥'만 아니라면 다 맞힐 수 있는 쉬운 문제랍니다.

아래 그림에서 콩을 골라보세요.

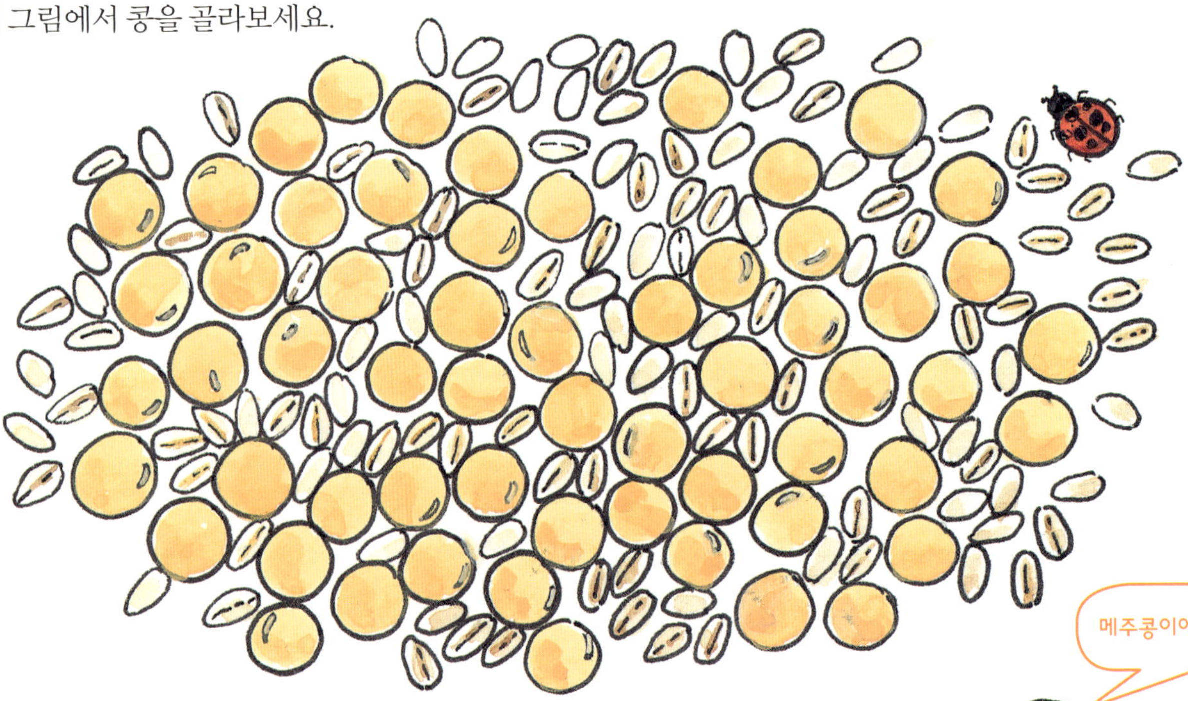

메주콩이에요.

보리쌀이에요.

콩이 어떤 건지 다 맞혔을 거예요.
그렇다면 여러분은 '숙맥'이 아니에요.
'숙맥'은 콩과 보리처럼 누구나 아는 것도 가려내지 못할 만큼
어리석다고 할 때 쓰는 말이에요. 숙은 콩이란 뜻이고, 맥은 보리를 말하지요.
'쑥맥'이라고들 말하지만 바른말은 '숙맥'이에요.
혹시 콩을 못 골라낸 친구도 있나요? 실망하지 마세요.
지금부터 알아 가면 되니까요.

14

또 다른 퀴즈를 하나 내 볼게요.
다음 그림에도 콩이 있어요.
어떤 게 콩일까요?

잎이 동글동글하고 가지를 많이 친 왼쪽이
바로 콩이에요. 오른쪽은 보리고요. 맞혔다고요?
숙맥이 아닌 정도가 아니라, 정말 똑똑하군요!
쌀밥이 벼에서 나오듯이,
된장찌개는 콩부터 시작되지요.

벼 　 쌀 　 밥

콩 　 콩알 　 된장찌개

❖ 여러 가지 콩

콩의 종류는 아주 많아요. 1천 가지가 넘는 것으로
알려져 있지요. 그 가운데에서 우리가 자주 보고 많이 먹는
일곱 가지 콩의 생김새와 쓰임을 함께 알아 볼까요?

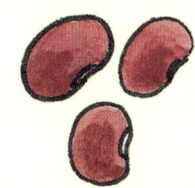

강낭콩
밥밑콩으로 먹거나 떡에 넣어
먹어요. 밥에 넣어먹는 콩을
'밥밑콩'이라고 해요.

검정콩(서리태)
콩자반을 만들어 먹거나
밥에 넣어 먹어요.

녹두
숙주나물, 녹두죽, 녹두묵(청포),
빈대떡으로 만들어 먹어요.

땅콩
볶거나 삶아서 먹고, 과자나
빵에 넣어서 먹기도 해요.
땅콩에는 기름이 많아요.

완두
밥밑콩으로 먹거나
떡에 넣어 먹어요.

콩(메주콩)
두부, 콩나물, 간장, 된장을
만들어 먹거나, 기름을 짜서
써요. 메주를 쑤는 콩이라서 대개
'메주콩'이라고 불러요. 우리가
보통 콩이라고 하면 메주콩을
말해요.

팥
죽을 쑤어 먹거나 떡고물로
많이 쓰지요. 요즘엔 빵과
팥빙수에 넣어서 많이 먹어요.

밥밑콩으로 먹는 콩은 날마다 먹어도
큰 탈이 없는 콩이랍니다. 강낭콩,
검정콩, 완두는 밥밑콩으로 쓰고,
녹두, 메주콩, 팥은 밥밑콩으로 잘
쓰지 않아요.

쌀밥과 무척 잘 어울리는 콩

우리나라 사람들의 주식은 쌀밥인데, 쌀과 콩은 서로 부족한 영양을 보충해 주기 때문에
함께 먹으면 균형이 아주 잘 맞아요. 쌀에는 탄수화물이 많고, 메주콩이나 검정콩 같은 콩에는
단백질이 많거든요. 탄수화물과 단백질은 사람이 힘을 내어 살아가는 데에 꼭 필요한 영양소랍니다.
콩 마을의 밥상에 콩이 빠지는 날은 없어요.
고추장, 간장, 두부, 콩나물 모두
콩으로 만든 양념과 반찬이에요.

조선 시대에도 지금처럼 두부도 먹고 콩나물도 길러 먹었다는 기록이 남아 있어요.
같이 읽어 볼까요?

"콩은 오곡의 하나다.
맷돌에 갈아 두부를 만들고
찌끼도 끓여 국을 만들어 먹으면 구수하다.
또 콩을 싹 내어 콩나물로 만들면 몇 갑절 더해진다.
가난한 자는 콩을 갈고 콩나물을 썰어 합쳐서 죽을 만들어 먹으면
배를 족히 채울 수 있다."

_ 이익, 《성호사설》 1763년

글을 쓴 '이익'은 조선 시대의 선비예요.
이익이 쓴 글을 보니 조선 시대에는 먹을거리가 부족했던 가난한 사람들이 콩을 많이 먹었어요.
오늘날에는 건강에 좋고 맛도 좋아서 누구나 찾는 음식이 콩 음식이에요.

● **노란 메주콩의 원산지는 우리나라**

콩은 '오곡'에 속해요. 나라마다 다섯 가지 중요한 곡식을 꼽아 오곡이라고 부르며 중요하게 치는데, 우리나라는 '쌀, 보리, 콩, 조, 기장'이 오곡이에요. 콩이 그저 반찬에 그치지 않고 주식과 다름없이 중요하다는 것을 알 수 있지요. 우리나라 오곡의 콩은 노란 메주콩을 말한답니다.

쌀　　　보리　　　콩　　　조　　　기장

우리나라를 비롯한 동아시아에서 수천 년 동안 콩을 농사지어 먹었어요.
세계에서 처음 메주콩을 재배한 곳은 만주와 한반도 지역이에요.
그럼 메주콩은 언제 다른 대륙으로 전해졌을까요?
200~300여 년 전에 유럽과 미국으로 갔답니다.
그러고도 한참 지나서야 유럽과 미국 사람들은 메주콩을 농사짓기 시작했어요.
그러니까 유럽과 미국에서 메주콩을 농사지은 것은 겨우 백여 년밖에 안된 일이에요.

❖ **여러 가지 콩의 원산지**

콩은 만주와 한반도가 원산지예요. 완두는 유럽과 서아시아 그리고 지중해 연안이에요. 녹두는 인도, 팥은 인도와 중국, 동부는 아프리카라고 해요. 땅콩과 강낭콩은 브라질과 남아메리카라고 알려져 있어요.

우리나라 사람들은 언제부터 콩을 먹었을까요?

자, 이제 콩밭으로 출발해 볼까요? 밭으로 가는 길에서도 콩에 대한 이야기를 찾을 수 있어요. 보세요! 우리나라 들판에서는 '콩과 식물'이 참 많아요. 누구나 잘 아는 토끼풀도 콩과 식물이고요, 또 돌콩, 새팥, 자운영도 다 콩과 식물이지요. 칡, 등나무, 아까시와 같은 나무도 모두 콩과 식물이랍니다.

그 가운데에서 '돌콩'을 한번 보세요. 들판에 자라고 있는 이 작은 풀이 바로 우리가 먹는 메주콩의 조상이에요. 우리나라 사람이 '콩'이라고 말하면 대개 '대두'라고 하는 노란 메주콩을 말해요. 아주 오래전에 옛 사람들이 처음 농사지어 먹었던 콩도 지금 우리가 가장 많이 먹는 노란 메주콩이에요. 된장도 만들고 콩나물로도 길러먹는 콩이지요. 메주콩의 조상을 지금도 풀밭에서 볼 수 있다니 참 신기해요.

실제로 3천여 년 전 사람들이 살던 집터에서 '콩과 식물'이 발견되었답니다. 하지만 그보다 훨씬 더 오래 전, 옛 사람들은 농사를 지어먹기 전에도 들에서 나는 야생 콩을 따다가 먹었을 거예요. 그러다가 농사를 짓게 된 뒤부터 콩을 길러먹었지요. 우리나라 사람들이 콩을 먹은 것은 5천 년 역사와 함께했다고 해도 틀린 말이 아니에요.

↑ **선사 시대**
신석기 시대에 사람들이 살던 집터에서 '콩과 식물'이 발견되었답니다.

⋯ **청동기 시대**
우리나라에서 가장 오래된 콩이 발견된 곳은 청동기 시대에 지은 집터였어요. 콩이랑 팥이 함께 발견되었어요.

콩은 꼭 익혀먹어야 해요. 날것을 먹으면 배탈이 나기 때문이에요. 그릇이 만들어지기 전에는 불에 직접 구워서 먹었을 거예요.

● 장은 언제부터 먹었을까요?

그럼 콩으로 만든 된장과 간장은 언제부터 먹었을까요?
중국의 옛 책 《삼국지》 위지 동이전에 장을 담그는 고구려 사람과 메주를 만드는 발해에 대한 기록이 보여요.

> "고구려 사람들은 장과 술을 담그는 기술이 뛰어나다."
> "발해에서 콩과 소금으로 메주를 만들어 먹었다."
> _《삼국지》 위지 동이전

> "폐백 음식으로 쌀, 술, 기름, 꿀, 육포, 젓갈과 함께 장과 메주 등이 135수레였다."
> _《삼국사기》

삼국 시대에 이미 장을 담가 먹었군요!
게다가 뛰어나게 잘 담근다니
삼국 시대 이전부터 오랫동안 장을 담그는 기술이 쌓인 게 분명해요.
우리나라 역사책에서도 찾아볼 수 있어요.
《삼국사기》에 신라 신문왕 때에 결혼 예물로 장과 메주를 보냈다는 내용이 있어요.
옛 사람들의 기록을 보니 우리나라 사람들이 장을 담가 먹은 지는 적어도 2천 년이 훨씬 넘었다는 걸 알 수 있어요.

또 다른 기록은 없을까요? 고구려 사람들이 무덤 속의 벽에 그림을 남겼는데 거기에 '독'이 보여요.
장을 담그는 그릇 말이에요. 쌀을 끓이고 뜸을 들일 수 있는 그릇이 만들어지고 나서야
쌀밥을 해 먹을 수 있었어요. 마찬가지로 장을 담그려면 커다란 옹기그릇이 꼭 필요하지요.

↑ **고구려 시대 무덤 벽화에 그려진 독**
우물가에 독이 여럿 놓여 있어요. 고구려 사람들은 이렇게 생긴 독에 장을 담가서 맛있게 먹었을 거예요.

> 고구려 때의 독이 오늘날 쓰고 있는 독과 비슷하게 생겼지요?
> 음식을 하려면 그릇이 무척 중요해요.

❖ **발효와 옹기의 과학**

장은 콩을 발효시켜 만든 거예요. '발효'에는 '과학'이라는 말이 따라 붙어요. 발효는 미생물이 부리는 신기한 재주랍니다. 장을 담그면서 발효가 되면 콩에 있는 독성도 없어지고, 맛도 좋아지고 게다가 건강에도 좋아요. 젓갈, 김치, 막걸리, 요구르트, 와인도 모두 발효 식품이에요. 장을 담그는 그릇인 '옹기'도 무척 훌륭한 과학기술이에요. 옹기는 공기가 통하는 그릇이에요. 눈에 보이지 않는 작은 구멍들이 수없이 많아서 빗물은 들어가지 않고 공기만 통하지요. 또 몸뚱이가 동그랗게 생겨서 햇볕을 잘 받아 온도를 고르게 유지하고, 장독대에 여러 개를 놓아두어도 바람이 막힘없이 통한답니다. 이러한 옹기의 장점들이 옹기 속에 든 장이 발효가 잘 되도록 도와요.

콩은 어떻게 기를까요?

이런저런 이야기를 하다 보니 콩밭에 다 왔어요.
여러 가지 콩을 심는데, 그 중에서 노란 메주콩을 가장 많이 심어요.
메주를 쑤고 두부를 만들고 콩나물도 기르려면 많이 심어야 하지요.
메주콩 농사는 5월부터 10월까지 6개월 정도 시간이 드는 일이에요.
오늘은 특별히 한눈에 콩 농사를 보여줄게요.

5월 씨뿌리기

늦은 봄에 심어요. 콩은 씨앗으로 키우기도 하고, 모종을 심어도 되지요.
모종은 옮겨 심으려고 가꾼 어린 식물을 말해요.

↑ 밭 갈기
씨를 뿌리기 전에 밭을 갈아요.
거름을 뿌린 뒤, 삽이나
쇠스랑으로 흙이 부드러워지게
갈지요.

↑ 두둑 만들기
콩 심는 밭은 두둑을 만드는 게 좋아요.
콩밭은 물 빠짐이 좋아야 하거든요.
밭에 물이 고여 있으면
콩이 병들기 쉬워요.

↑ 씨앗 심기
호미로 작은 구멍을 파요.
구멍에 콩을 서너 알 심고 흙을 살짝 덮어주어요.

❖ **씨를 뿌리고 나서 조심할 것 두 가지**

'가뭄에 콩 나듯한다.'는 말이 있지요? 가뭄이 들면 콩은 싹을 거의 틔우지 못해요. 또 조심할 것이 있어요.
씨앗을 심은 뒤 비둘기나 까치와 같은 새를 조심해야 해요.

↑ 새를 피하는 방법 콩을 심은 뒤 나뭇잎이나
풀을 덮어두어 어디에 콩을 심었는지 새가
모르게 해요. 돋아난 새싹도 새가 잘 먹기 때문에
싹이 돋을 때까지 가려두는 게 좋아요.

⋯ 가뭄이 들면 씨를 뿌린 뒤에 이삼 일이
지나도 비가 오지 않으면 싹이 트지 않아요.
만약 비가 오지 않으면, 땅속까지 젖도록
천천히 오래 물을 뿌려 주어요.

6월 모종하기

모종을 하려면 싹을 틔워서 밭에 옮겨 심어요. 왜 힘들여 모종을 하느냐고요? 모종을 하면 콩이 더 잘 자라기 때문이에요. 또 새가 씨앗과 싹을 먹는 걸 막을 수 있어서 요즘에는 모종을 많이 해요.

↑ 씨앗 준비
건강하고 동글동글 모양이 예쁜 씨앗을 골라요.

↑ 모종판에 씨앗 심기
모종판에 흙을 넣고 콩 씨앗을 두세 개씩 넣어요.
모종을 하려면 5월에 모종판에 콩을 기른 다음에 6월에 밭에 옮겨 심어요.

❖ 흙 속에서 콩이 싹을 틔워요

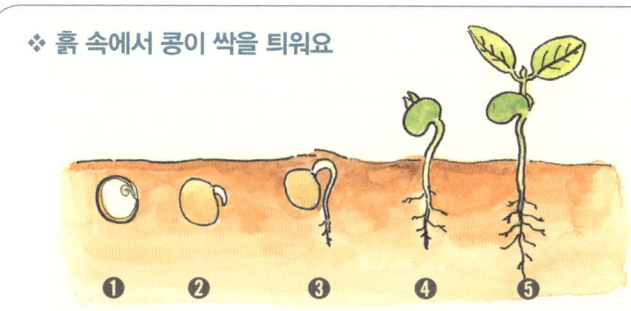

❶ 콩의 단면이에요. 콩알 속에 싹이 들어있어요.
❷ 콩이 싹을 내고 자라기 시작해요.
❸ 싹은 흙을 불끈 들어 올릴 만큼 힘이 세요.
❹ 뿌리는 아래로 내리고, 줄기는 땅 위로 뻗어요.
❺ 콩알 속에 있던 떡잎이 나왔어요. 이제부터는 뿌리와 잎을 통해 양분을 먹으며 자라요.

←⋯ 모종하기
첫 번째 본잎(떡잎 뒤에 나오는 잎)이 나온 뒤에 모종을 해요.
본잎이 나온 뒤부터는 새가 잘 안 먹어요.

콩잎은 작은 잎이 석 장씩 달린 겹잎이에요. 새로운 마디가 자랄 때마다 마디 끝에 잎이 한 장씩 달려요.

콩잎 한 장

7월 순지르기

콩은 여름에 쑥쑥 자라요. 꽃이 피기 전까지 잎이 무성해지면 '순지르기'를 해 주어요. 줄기 끝의 순을 따 주어야 콩 줄기가 쓰러지지 않아요. 콩 줄기가 단단하지 않아서 넘어지기 쉽거든요. 또 순지르기를 하면 영양분이 꽃으로 더 많이 가게 되지요.

↑ 순지르기
잎이 5~6장 나면 순지르기를 시작해요. 꽃 피기 전까지 순지르기를 한두 번 정도 해 주어요.

↑ 순을 지를 때 콩잎 따기
순지르기를 할 때 잎을 따서 반찬을 만들어요. 연한 콩잎으로 쌈을 싸 먹기도 하고, 김치나 장아찌를 담가 먹어요.

8월 북주기

뜨거운 한여름에 콩 꽃이 피어요. 꽃이 필 때에 농부는 어떤 일을 해야 할까요? 뿌리 가까이의 흙을 높이 올려주어요. 이렇게 북을 돋우면 뿌리가 튼튼해지고 줄기를 든든하게 잡아주지요. '북'은 식물의 뿌리를 싸고 있는 흙을 말해요.

⟵ 북 주고 김매기
북을 주면서 김매기도 함께해요. 한여름에 김을 매기 때문에 콩밭에서 풀을 뽑는 일은 무척 더워서 고되답니다.

꽃은 이른 아침이나 오전에 피어요. 7월 말부터 피기 시작해서 8월 중순까지 연이어 피어요.

꽃

9월 벌레잡기

가을이 되면 꽃이 떨어진 자리에 작은 꼬투리가 맺혀요. '콩과 식물'의 열매를 싸고 있는 껍질을 꼬투리라고 하지요. 이 꼬투리 안에서 콩알이 야무지게 여물어 가요. 콩이 익는 동안 콩을 좋아하는 벌레들도 많이 꼬여요. 꼬투리가 잘 여물 수 있게 벌레를 잡아주어요.

애벌레

톱다리개미허리노린재　　담배거세미나방　　콩진딧물

❖ **꼬투리 속에서 콩알이 자라요**

콩은 꼬투리 속에서 자라요. 꼬투리와 콩은 연결되어 있어요. 꼬투리가 자라 콩이 클 방을 만든 다음에, 그 속에서 콩이 커지며 단단하게 익어 가지요. 길쭉한 꼬투리 속에 콩이 두세 알 들어 있어요.

메주콩은 배꼽도 노란색이에요. 배꼽은 콩알과 꼬투리가 연결되었던 곳이랍니다.

콩알

● 콩의 생김새 _ 메주콩

잎 작은 잎이 여러 장 달린 겹잎이에요. 겹잎을 이루는 '작은 잎'을 '소엽, 꼬마잎, 쪽잎, 잔잎'이라고도 불러요. 메주콩은 작은 잎이 석 장 달렸어요. 잎자루가 길어요.

꽃 연한 분홍색을 띠거나 흰색을 띠어요. 꽃봉오리는 작은 주머니같이 생겼고, 활짝 핀 꽃은 나비처럼 생겼어요. 잎겨드랑이에 모여 피어요.

줄기 아래쪽은 곧게 서는데, 위쪽은 덩굴지기도 해요. 꽃이 피기 전까지는 줄기가 연하고 잎이 많이 달려서 쓰러지기 쉬운데, 꼬투리가 생기고 나서부터는 줄기가 곧고 단단해지지요.

열매 꼬투리 겉에는 잔털이 있어요. 풀색이다가 다 여물면 누런색을 띠지요. 꼬투리 속에는 콩알이 세 개쯤 들어 있어요. 콩알은 둥글둥글하고 노르스름한 색이에요.

뿌리 원줄기를 곧게 내리고 잔뿌리를 많이 뻗어요. 뿌리에는 뿌리혹이 있어요. 뿌리혹 안에 뿌리혹박테리아가 살고 있어요. 이 미생물은 뛰어난 재주를 가지고 있지요. 식물이 자랄 때 질소가 꼭 필요한데 뿌리혹박테리아가 공기 속에 기체로 있는 질소를 흡수해서 식물이 먹을 수 있게 바꾸어 주어요.

10월 거두기

다 익으면 꼬투리가 노랗게 되어요. 잎은 다 떨어지고 꼬투리만 남게 되지요. 이제 콩을 거둘 때가 되었어요. 꼬투리가 터지기 전에 수확해야 해요. 너무 오래 두면 꼬투리가 저절로 열리며 콩이 쏟아지거든요. 꼬투리가 달린 채로 줄기째 베어요.

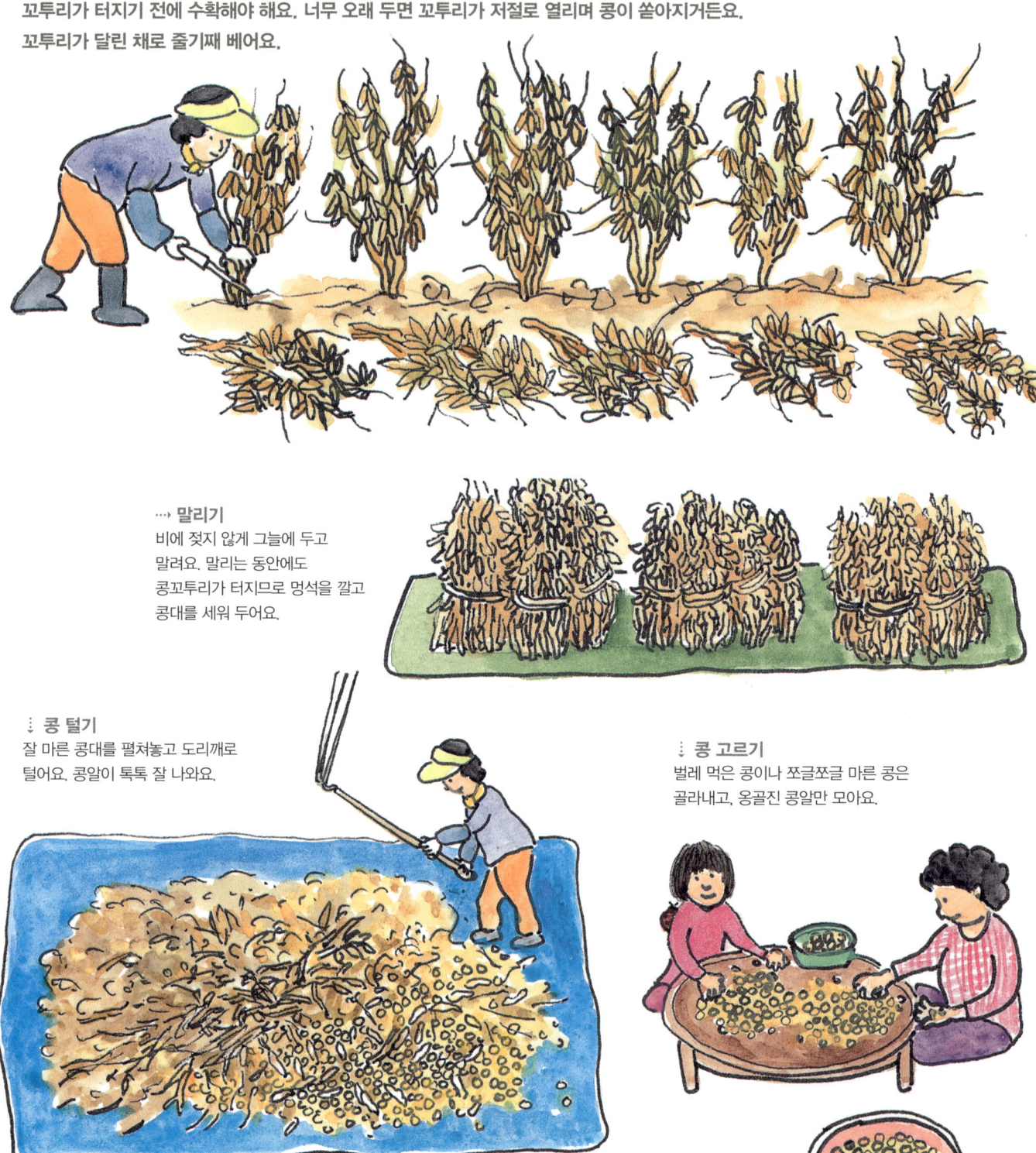

말리기
비에 젖지 않게 그늘에 두고 말려요. 말리는 동안에도 콩꼬투리가 터지므로 멍석을 깔고 콩대를 세워 두어요.

콩 털기
잘 마른 콩대를 펼쳐놓고 도리깨로 털어요. 콩알이 톡톡 잘 나와요.

콩 고르기
벌레 먹은 콩이나 쪼글쪼글 마른 콩은 골라내고, 옹골진 콩알만 모아요.

다음해에 뿌릴 씨앗도 골라 놓아요. 씨앗은 모양도 예쁘고 크기도 큰 것으로 골라 놓지요.

또 어떤 콩을 심고 싶나요?
콩 마을에서 많이 키우는 열 가지 콩을
언제 심고 거두는지 볼래요?

결명자

- **씨뿌리기** 4~5월
- **거두기** 10월

꽃은 노란색이에요.
꼬투리는 가늘고 긴데, 활처럼 휘어지며
자라요. 풀색이다가 거무스름하게
익으면서 콩깍지가 터져요.
콩알이 살짝 모가 나 있어요.

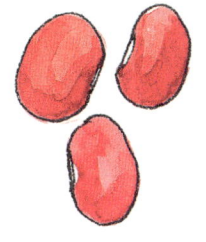

강낭콩

- **씨뿌리기** 4월
- **거두기** 6~7월(장마철 전)

꽃은 연분홍빛이 도는 흰색이에요.
꼬투리는 얼룩얼룩하고 콩알이
5~6개쯤 들어 있어요.
콩알 모양은 콩팥 모양이고 반질반질
윤이 나요. 콩알이나 꼬투리 색깔은
품종에 따라 여러 가지예요.
얼룩덜룩한 콩, 진한 밤색이 나는 콩,
흰 콩도 있어요.

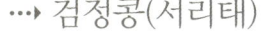

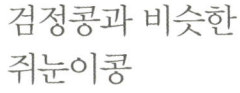

검정콩(서리태)

- **씨뿌리기** 5월
- **거두기** 11월(서리가 내린 뒤)

꽃은 보랏빛이 도는 흰색이에요.
꼬투리는 겉에 털이 있고 다 익으면
거무스름한 누런색이 되어요. 콩알이
2~3개쯤 들어 있어요.
콩알 껍질은 검고, 속살은 푸르스름해요.
동글동글한 모양이에요. 서리올 때까지
자란다고 '서리태'라고도 해요.

검정콩과 비슷한 쥐눈이콩

- **씨뿌리기** 5~6월
- **거두기** 10~11월

꽃은 보랏빛이에요.
꼬투리는 누런색이고 털이 있어요.
콩알이 3~4개 들어 있어요.
콩알 껍질은 검고, 동글동글한
모양이에요. 검정콩과 비슷하게
생겼는데 크기가 작아요.

◁⋯ 녹두

- **씨뿌리기** 4~7월
- **거두기** 8~10월

꽃은 노란색이에요.
꼬투리는 겉에 잔털이 있고 콩알이 10~15개쯤 들어 있어요. 다 익으면 검은색이 되고 콩깍지가 터지면서 배배 꼬여요.
콩알은 녹색을 띠고 크기가 작아요.

◁⋯ 동부

- **씨뿌리기** 4~5월
- **거두기** 8~10월

꽃은 옅은 분홍색이거나 보랏빛이에요. 꽃자루가 길어요.
꼬투리는 품종에 따라 여러 가지예요. 갓끈처럼 긴 꼬투리도 있어요. 검게 익고 콩알이 10개 넘게 들어 있어요. 풋콩을 삶아 먹기도 해요.
콩알은 품종에 따라 여러 가지 색을 띠고, 팥이랑 비슷하게 생겼는데 팥보다 조금 더 길쭉해요.

⋮ 땅콩

- **씨뿌리기** 4월 말
- **거두기** 10월

꽃은 노란색이에요.
꼬투리가 땅속에 들어 있어요. 가운데가 잘록하고 겉은 오톨도톨해요. 땅콩이 2~3개 들어 있어요.
콩알은 붉은빛을 띠는 얇은 속껍질을 벗기면 노르스름한 속살이 나와요.

⋯▷ 완두

- **씨뿌리기** 3월
- **거두기** 6월 초

꽃은 붉은빛이 도는 흰색이에요.
꼬투리는 풀색이고, 콩알이 5~6개 들어 있어요. 풋콩일 때 꼬투리째 삶아 먹기도 해요.
콩알은 동글동글하고 고운 풀색을 띠어요.

❖ **'돌려짓기'를 해 주면 더욱 더 잘 자라요**

같은 밭에 같은 작물을 계속 심지 않고 번갈아 심는 것을 '돌려짓기(윤작)'라고 해요. 왜 돌려짓기를 할까요? 여러 해 동안 같은 작물을 심으면 땅의 영양분이 고갈되고 병충해가 축적되어 작물이 잘 자라지 못하기 때문이에요. 호박, 당근, 벼, 보리, 딸기 등은 해마다 같은 땅에 심는 '이어짓기(연작)'를 해도 괜찮지만, 거의 모든 농작물은 돌려짓기를 해 주는 게 좋아요. 콩은 1~3년마다 돌려짓기를 해 주면 연작 피해를 줄일 수 있어요.

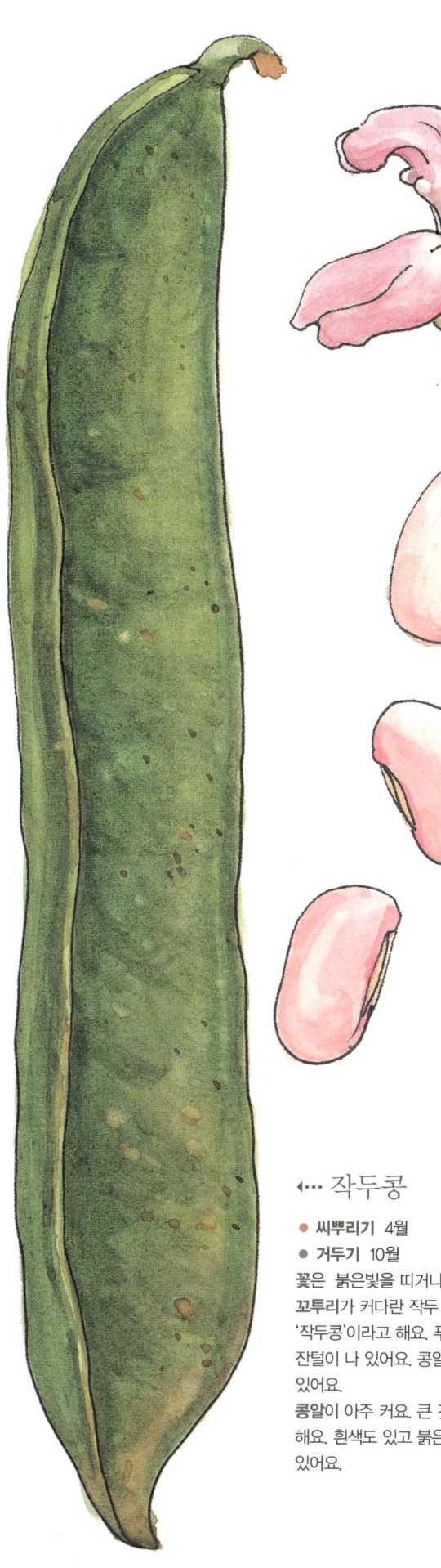

◁⋯ **작두콩**
- **씨뿌리기** 4월
- **거두기** 10월

꽃은 붉은빛을 띠거나 흰색이에요.
꼬투리가 커다란 작두 모양이라서 '작두콩'이라고 해요. 푸른색이고 잔털이 나 있어요. 콩알이 10개쯤 들어 있어요.
콩알이 아주 커요. 큰 것은 탁구공만 해요. 흰색도 있고 붉은빛을 띠는 것도 있어요.

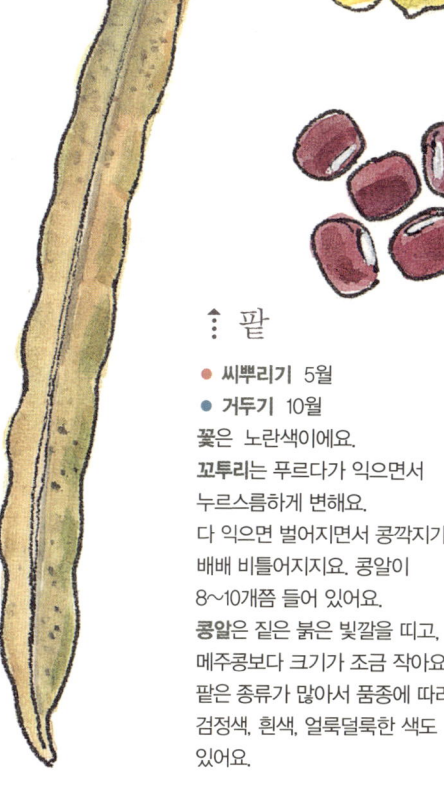

팥
- **씨뿌리기** 5월
- **거두기** 10월

꽃은 노란색이에요.
꼬투리는 푸르다가 익으면서 누르스름하게 변해요.
다 익으면 벌어지면서 콩깍지가 배배 비틀어지지요. 콩알이 8~10개쯤 들어 있어요.
콩알은 짙은 붉은 빛깔을 띠고, 메주콩보다 크기가 조금 작아요. 팥은 종류가 많아서 품종에 따라 검정색, 흰색, 얼룩덜룩한 색도 있어요.

콩밭에서 만난 동물과 식물

콩밭에는 콩과 함께 많은 동물과 식물들이 살고 있어요.
어떤 동식물은 콩을 갉아먹거나 양분을 빨아먹어서 해를 주기도 하고,
어떤 동식물은 땅을 기름지게 해주고 다른 해충을 잡아먹기도 해요.
농부는 부지런히 해충을 쫓고 콩밭에 오지 못하게 해요.
한편 흙이나 콩에 도움이 되는 동식물은 콩밭에서 함께 살아갑니다.
사람이 사는 마을처럼 밭도 여러 생명이 어울려 함께 살아가는 곳이에요.
그래서 깨끗하고 건강하게 지켜야 해요.

논두렁과 밭두렁에도 콩을 심어요

콩은 밭뿐만 아니라 밭두렁과 논두렁에도 많이 심어요. 이렇게 두렁에 심는 콩을 '두렁콩'이라고 해요.
두렁콩은 우리나라에서 아주 오랫동안 이어져 내려온 농사법이에요.
두렁에 심을 때에는 두렁 아래쪽에 심어서 밟히지 않도록 해요. 특히 논두렁에 심는 두렁콩은
콩이 자라기 좋은 환경이라서 더 잘 자라기도 해요.
골목길이나 대문 옆의 작은 땅에도 콩을 심을 수 있어요.
자투리땅에 심어도 콩은 잘 자란답니다.
요즘에도 어떤 농촌 마을을 가도 두렁콩을 쉽게 볼 수 있어요.

두렁콩의 장점
- 논에서 알맞게 물기가 공급되어서 콩이 더욱 잘 자라요.
- 두렁의 흙이 허물어지거나 빗물에 쓸려 내려가는 것을 막아 주어요.
- 벼과 식물 사이에 콩을 심으면 벌레도 덜 꼬인답니다.

콩은 다른 작물과 함께 심는 경우가 많아요. 이처럼 같은 땅에 같은 때에
서로 다른 두 가지 작물을 함께 심는 것을 '섞어짓기(혼작)'라고 해요.

↑ **밭두렁에 옥수수, 수수와 섞어짓기**
콩보다 키가 훨씬 큰 옥수수나 수수와 함께 심으면 햇빛을 가리지 않아요.

⋮ **콩밭에 무와 함께 섞어짓기**
뿌리를 먹는 작물을 콩밭의 고랑에 심으면
서로 방해하지 않고 잘 자라요.

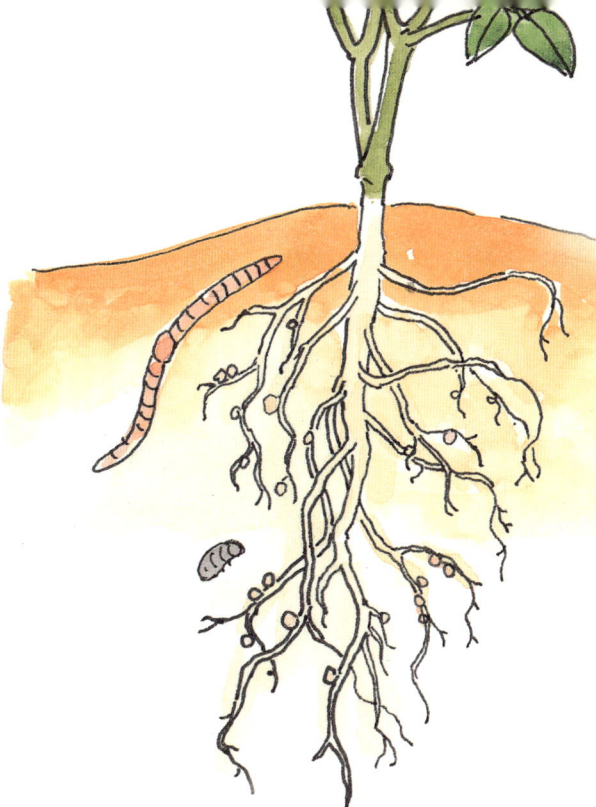

● 콩 뿌리가 흙을 거름지게 해요

콩의 뿌리를 보면 동글동글한 뿌리혹이 있어요. 여기에 뿌리혹박테리아가 살고 있지요. 100여 년 전에 식물학자가 뿌리혹박테리아의 신기한 재주를 밝혀냈어요. 뿌리혹박테리아가 '질소'라는 기체를 뿌리가 흡수할 수 있게 바꾸어 준다는 것을 알아낸 거예요. 그전에는 뿌리혹박테리아를 나쁜 것으로 알고 있었답니다. 질소는 식물에게 중요해요. 식물이 먹은 질소는 단백질이 되어요. 질소를 먹어야 콩이 알차게 여물 수 있지요. 이처럼 콩과 콩의 뿌리에 붙어사는 박테리아는 서로 돕는 공생 관계예요. 흙에도 질소를 많이 남기게 되어 콩과 흙도 공생 관계랍니다.

옛날에 농부들은 뿌리혹박테리아는 몰랐지만 '콩과 식물'이 거름으로 좋다는 걸 오래전부터 알고 있었고, 그래서 자운영과 같은 살아 있는 '콩과 식물'들을 '풋거름'으로 썼답니다. 살아 있는 풀을 거름으로 쓰는 것을 풋거름(녹비)이라고 해요.

⋯ 자운영
논에 심어둔 자운영은 흙에 질소를 보충해 줄 뿐만 아니라 흙의 침식과 양분이 빠져나가는 것도 막아주어요. 꽃이 필 때 뿌리혹박테리아가 가장 활발하기 때문에 자운영 꽃이 피었을 때 논을 갈지요.

❖ 뿌리혹이 생기는 과정

식물은 자라려면 물과 영양분을 먹어야 해요. 식물의 먹이는 탄소, 수소, 산소, 질소와 같은 물질이에요.
식물은 그 중에서 탄소, 수소, 산소는 잎과 뿌리를 통해 흡수할 수 있는데, 공기 중에 있는 질소는 그대로 먹지 못해요.
그런데 콩은 공기 중의 질소를 뿌리혹박테리아 덕분에 뿌리에서 흡수할 수 있답니다.
그래서 콩은 화학 비료를 덜 뿌려도 잘 자라고 척박한 땅에서도 잘 자라요.

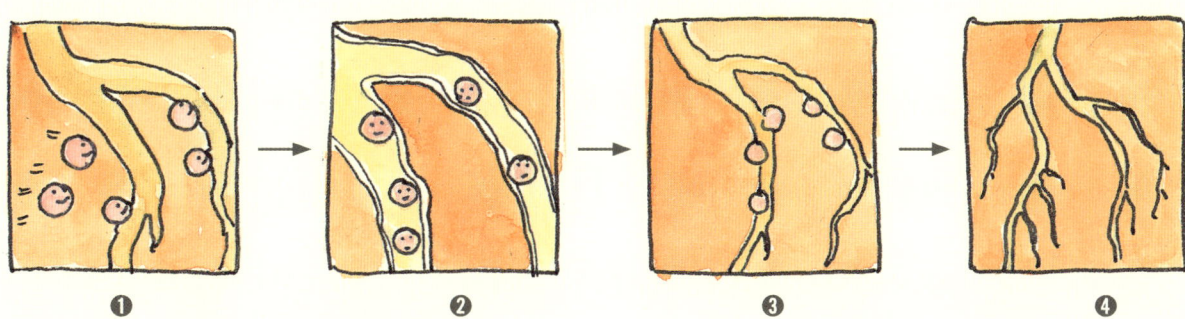

❶ 뿌리혹박테리아가 콩의 뿌리털 속으로 들어가요.
❷ 뿌리 속에서 뿌리혹박테리아가 자리 잡고 살면서 뿌리혹을 만들어요.
❸ 뿌리혹박테리아와 콩이 함께 살아가요. 꽃이 필 때 질소를 가장 많이 빨아들여요.
❹ 콩의 꼬투리가 다 자라고 나면 뿌리혹박테리아도 힘이 약해집니다.

두부도 만들고 메주도 쑤어요

오늘은 두부를 만드는 날이에요. 콩 마을에서는 가을걷이를 다 끝내고 나면, 두부를 만들어 나누어 먹어요. 쌀쌀한 날씨에 햇콩으로 만든 따끈한 두부를 먹으면 참 맛있답니다.

❶ 물에 담가 통통하게 불려요. 불린 콩을 손으로 비비면서 씻어요.

❷ 믹서나 맷돌을 써서 콩을 곱게 갈아요. 물을 조금씩 부어주면서 갈아요.

❸ 콩물을 삶아요. 계속 저어주어야 콩이 눋지 않아요. 펄펄 끓으면 솥이 넘칠 정도로 부르르 솟구쳐 오르지요. 넘치기 전에 찬물을 뿌리듯이 부어주면 잦아들어요.

❹ 끓인 콩물을 촘촘한 면으로 만든 자루에 쏟아요. 뜨거우니까 조심해야 해요.

❺ 주걱으로 꾹꾹 눌러 자루를 치대면 콩물이 잘 나와요. 자루 안에 뜨거운 물을 조금씩 부어가면서 콩물을 남김없이 다 짜내요. 뽀얀 콩물을 끓이면 '두유'가 되고, 자루 안의 건더기는 '비지'예요.

❻ 콩물이 식기 전에 간수를 넣어요. 간수를 조금씩 부어주면서 살며시 저으면 뿌연 물이 점점 맑아지면서 몽글몽글 하얀 덩어리가 엉겨요. 노르스름하고 투명한 물은 '순물'이라고 하고, 덩어리진 두부는 '순두부'예요.

❼ 물이 빠지는 틀에 삼베같이 촘촘한 천을 깐 뒤, 쏟아 부어요. 순물이 잘 빠지고 두부가 단단히 굳도록 무거운 것으로 눌러요.

❽ 순물이 다 빠지면 두부를 적당한 크기로 잘라서, 흐르는 찬물에 식혀 주어요. 두부는 자칫하면 쉬기 때문에 차갑게 두어야 해요. 대신에 얼면 두부를 못 먹게 되니까 얼지 않는 온도로 유지해 주어요.

● 메주 만들기

오늘은 메주를 만드는 날이랍니다. 메주는 된장과 간장을 담그는 재료예요.
대개 겨울이 시작될 때에 메주를 만들어요.
추운 겨울에 만들어야 메주가 잘 뜨고 좋은 맛이 나요.

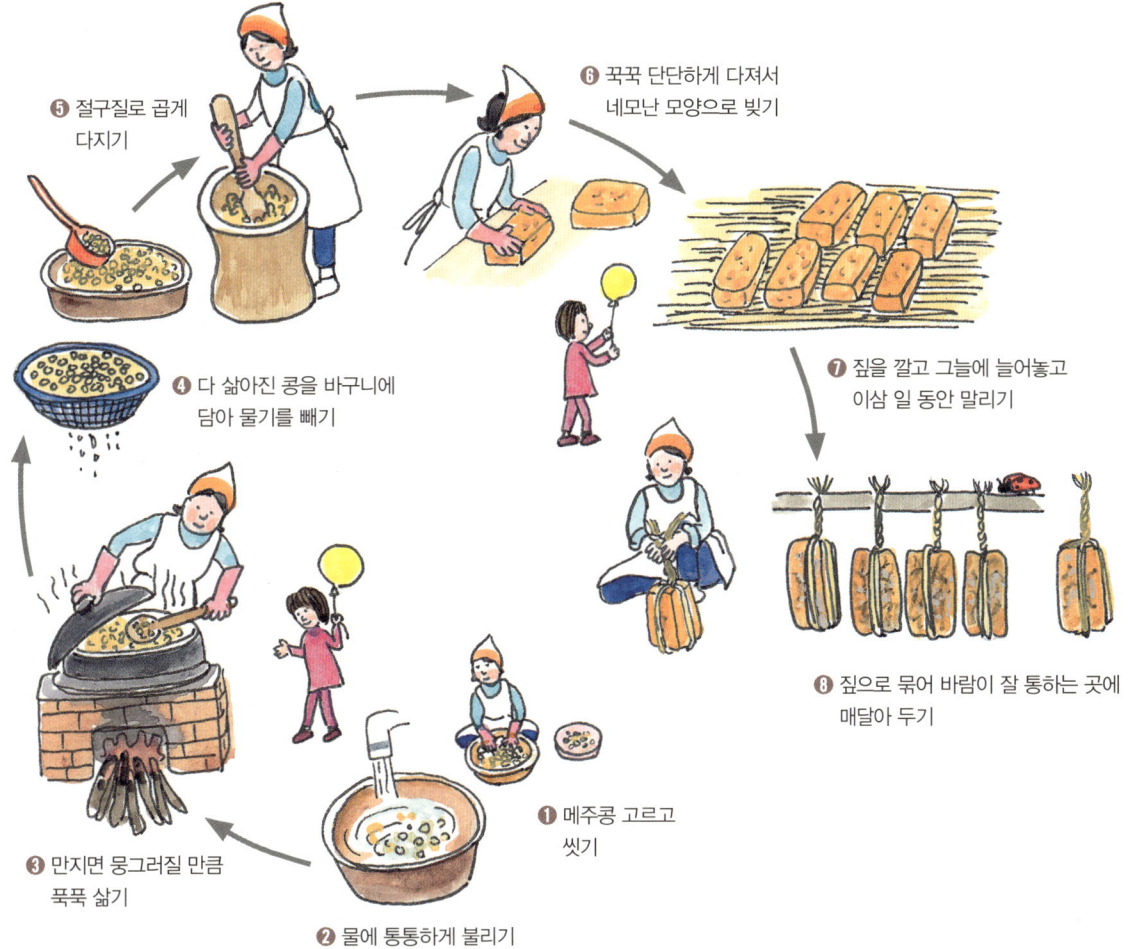

짚으로 매달아 둔 메주에서 곰팡이가 피기 시작해요. 한 달 정도 매달아 두었다가 메주를 내려서, 따뜻한 아랫목에 두고 메주를 띄워요. 흰 곰팡이가 많이 생기면 드디어 메주가 완성되지요. 곰팡이가 많이 피어서 발효가 잘 된 메주로 만들어야 장맛도 좋아요.

● 된장과 간장 담그기

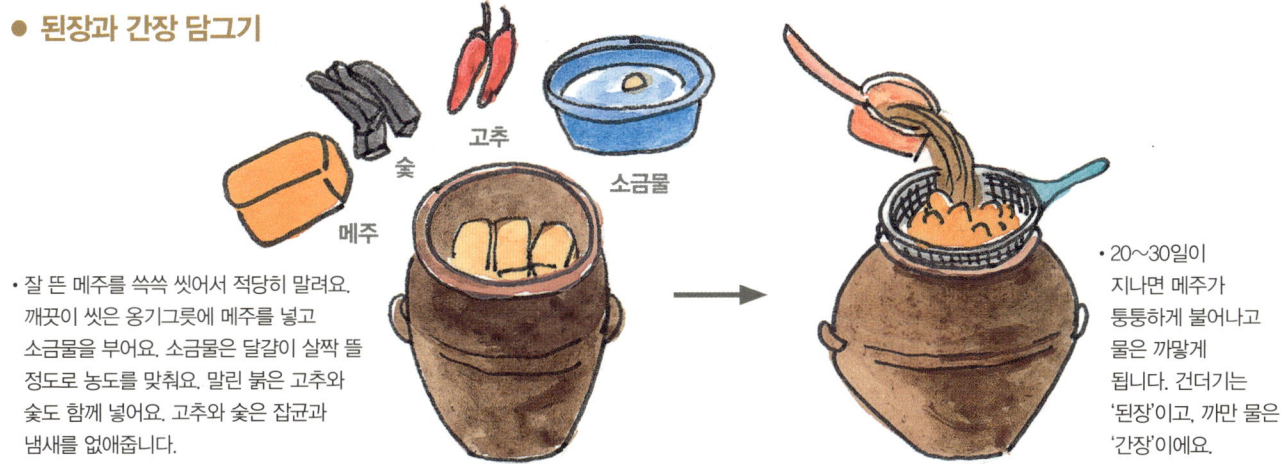

● **고추장은 우리나라에만 있어요**

고추장을 만드는 고추장 메주는 된장과 간장을 만드는 메주와는 달라요. 고추장 메주는 콩에다가 찹쌀, 밀, 보리, 수수 같은 곡물의 가루를 섞어서 만들지요.
고추장을 만들어 먹은 역사는 된장보다 짧아요. 고추장의 중요한 재료인 고추가 17세기 즈음에 조선에 들어왔기 때문에 고추장을 담근 지는 이제 400년이 조금 넘었답니다. 아 참, 고추장은 우리나라에서만 만들어 먹는 양념이에요. 된장, 간장, 청국장과 비슷한 음식은 다른 나라에도 있는데, 메주와 고추를 넣어 발효시킨 고추장은 우리나라에만 있답니다.

고추장 만들기
고추장 메주와 고춧가루를 곱게 갈아서 고추장을 쑤어요.
엿기름으로 만든 식혜나 조청도 넣어요.

❖ **청국장은 어떻게 만들까요**

청국장은 된장, 고추장과는 달리 메주를 쑤지 않고, 콩을 삶아서 바로 만들지요. 푹푹 오랫동안 삶은 콩을 으깨지 않고 식지 않은 채로 3~4일 두면 청국장이 된답니다. 청국장은 소금을 넣지 않고 발효시키지요. 청국장에는 소금기가 없으니까 만든 뒤에 소금을 넣거나 얼려서 보관해요.

메주를 띄울 때나 청국장을 띄울 때에 모두 볏짚을 쓰는데, 볏짚에 발효를 돕는 미생물이 살기 때문이에요.

그릇에 볏짚을 깔고 삶은 콩을 부은 다음 따뜻하게 덮어 두어요.

잘 뜬 청국장은 거미줄 같은 흰 실이 많이 생겨요.

메주콩은 그대로 먹기보다 고추장이나 된장으로 만들어 먹는 것이 맛도 좋고 몸에도 좋아요.
채소를 즐겨먹는 우리나라 사람들에게 영양도 보충되고, 감칠맛이 있기 때문에
음식에 간을 맞추면 맛도 좋아지지요. 장으로 만드는 저장 음식도 많아요.
오이, 무, 마늘, 콩잎, 깻잎 등 어떤 채소든지 장에 박아두거나, 간장을 끓여 부어두면
맛있는 장아찌가 되어요. 수천 년 동안 장을 만들어 먹다 보니 옛 책 중에 장에 대한 요리법도 많지요.
빨리 만드는 막장, 고기랑 생선을 넣어 만드는 어육장 등을 만드는 방법이 소개되어 있어요.
지금도 여러 지역에서는 집안마다 오랫동안 전해 내려오는 많은 장들을 담가 먹고 있어요.

콩과 떼려야 뗄 수 없는 우리 문화

오늘은 콩 마을의 특별한 날이에요. 바로 '콩 볶아 먹는 날'이랍니다. 무슨 날인데 콩을 볶아서 먹느냐고요? 설을 쇠고 나서 일 주일쯤 지난 음력 1월 8일을 '곡일(곡식날)'이라고 하는데, 이 날 봄에 심을 씨앗을 준비하고 논밭에 거름도 뿌렸어요. 곡일에 씨앗을 준비해 두면 풍년이 든대요. 추운 겨울에도 한 해의 농사를 기원했던 거예요. 그리고 콩을 볶아서 나누어 먹었지요.

곡일에 볶은 콩을 먹은 사람은 병에 걸리지 않는다고 믿었어요. 곡일에는 콩뿐만 아니라 쌀, 보리, 조, 기장 등 오곡을 볶아서 먹어요.

명절이나 특별한 날에 먹는 음식에 떡이 빠지지 않아요. 떡에는 거의 모두 콩이 들어가지요. 또 붉은 팥은 나쁜 기운을 쫓아내고 막아준다고 해서 중요한 날에 많이 먹었어요. 동짓날에는 팥으로 죽을 쑤어 먹으면 잔병에 걸리지 않고 나쁜 일이 생기지 않는다고 믿었지요.

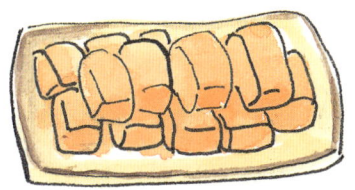

↑ 결혼식에는 인절미
결혼식 날에는 콩고물을 듬뿍 묻힌 인절미를 먹었어요. 인절미는 동네 사람들이 결혼을 축하하며 다 함께 만들었지요.

↑ 추석에는 송편
송편 소로 팥, 콩, 깨와 같은 곡식을 넣었어요. 밤이나 대추를 넣기도 해요. 수확을 감사하고 다음해의 풍년을 기원하면서 송편을 빚어요.

⋯ 잔칫날 먹는 콩버무리
쌀가루에 콩을 넣어 찌면 맛있는 떡이 되어요. 푸른 완두콩, 붉은 강낭콩, 검정콩 등 여러 가지 콩을 넣으면 더욱 맛이 있고 보기에도 먹음직스럽지요. 콩버무리는 여러 잔칫상에 올려요.

↑ 이사한 날에는 시루떡
팥 시루떡을 이웃에게 돌리며 인사를 하고, 떡을 나누어 먹었어요.

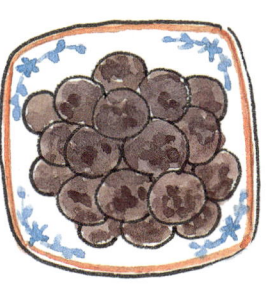

⋯ 백일 잔칫상에 수수경단
수수 가루를 둥글게 빚어서 찐 뒤 팥고물을 묻힌 떡이에요. 아기가 백 일이 되었을 때 빠지지 않는 떡이지요. 장수를 기원하는 백설기와 함께 액운을 쫓는 붉은 수수떡을 함께 먹었어요.

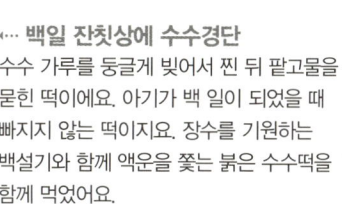

⋯ 동짓날에는 팥죽
동지는 지난해를 보내고, 새해를 준비하는 날이에요. 동짓날은 양력 12월 22일쯤이지요. 팥죽을 먹기 전에 집안 곳곳에 뿌리며 '고수레'를 하기도 해요. 고수레는 귀신에게 먼저 음식을 주는 거예요.

● **버릴 게 없는 콩**

콩은 버릴 게 없어요. 콩을 털고 나온 콩깍지는 소 먹이로 주고, 찌꺼기는 거름으로 썼어요.
또 콩을 떨어내고 남은 콩대는 불이 잘 붙어서 땔감으로 쓰지요.

↑ **콩대** 콩대는 콩을 떨어내고 남은 빈 줄기를 말해요. 잘 마른 콩대는 불이 잘 붙어서 불쏘시개나 땔감으로 많이 썼어요.

여물 콩깍지를 넣고 쌀겨와 잘게 썬 볏짚을 함께 끓여 소에게 먹였어요. 예전에는 힘든 일을 끝낸 소에게 영양식으로 주었답니다.

우리가 자주 먹는 음식 중에도 콩이 많이 쓰여요. 무엇이 있는지 찾아볼까요?
볶음요리나 튀김, 전을 부칠 때 콩기름을 써요. 콩물로 만드는 두유와 콩국수도 많이 먹어요.
또 간식으로 먹는 팥빙수와 붕어빵에는 팥이 듬뿍 들어가요.

콩국수 삶은 콩을 갈아서 짜낸 콩국에 국수를 말아 먹어요. 영양도 높고 맛도 구수하지요.

팥빙수 얼음을 곱게 갈고, 단팥을 넣어서 먹어요. 단팥은 팥을 삶아서 으깬 뒤에 설탕을 넣어 조려서 만들지요.

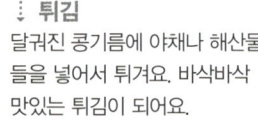

튀김 달궈진 콩기름에 야채나 해산물들을 넣어서 튀겨요. 바삭바삭 맛있는 튀김이 되어요.

● **콩이 들어있는 말**

우리 말 속에도 콩이 많이 들어있어요. 앞서 풀었던 퀴즈 기억하지요? '**숙맥**'은 '숙맥불변(菽麥不辨)'에서 나온 말이에요. 콩[菽]과 보리[麥]를 가려내지 못한다는 뜻이지요. 콩과 관련된 말은 또 무엇이 있을까요?
콩은 아니지만, 콩과 식물과 관련된 단어 중에 우리가 자주 쓰는 말이 있어요. 바로 '**갈등**'이라는 단어예요.
'갈(葛)'은 칡을 말하고, '등(藤)'은 등나무를 말해요. 두 나무 모두 줄기가 다른 물체를 휘감으며 자라는데, 둘이 만나면 어떻게 되겠어요? 두 나무의 생태적인 특징을 잘 담고 있는 말이랍니다.

순 우리말 중에도 콩이 들어간 재미있는 말이 있어요.
'**콩켸팥켸**'는 여러 가지 사물이 뒤섞여서 뒤죽박죽된 것을 말해요.
또 '**콩팔칠팔**'은 '마구 떠든다, 하찮은 일을 가지고 트집을 잡으려는 듯이 따진다,
남의 일을 수근거린다' 할 때 쓰는 말이에요.

❖ 속담 속에서 찾은 콩과 장

속담에는 우리 생활과 문화를 알기 쉽고 재치 있게 담아낸 것이 많아요. 콩과 장이 들어있는
재미난 속담들을 뜻과 함께 볼까요?

- **가물에 콩(씨) 나듯** 어떤 일이나 물건이 가물(가뭄)에 심은 콩이 제대로 싹이 트지 못하여 드문드문 나는 것과 비슷하다.
- **개가 콩엿 사 먹고 버드나무에 올라간다** 어리석고 못난 사람이 감히 할 수 없는 일을 하겠다고 큰소리친다.
- **구더기 무서워 장 못 담글까** 다소 방해되는 것이 있다 하더라도 마땅히 할 일은 해야 한다.
- **눈에 콩깍지가 씌었다** 정확하게 보지 못한다.
- **된장에 풋고추 박히듯** 어떤 한 곳에 가 꼭 틀어박혀 자리를 떠나지 않는다.
- **딸의 집에서 가져온 고추장** 물건을 몹시 아껴 두고 쓴다.
- **뚝배기보다 장맛이 좋다** 겉모양은 보잘것없으나 내용은 훨씬 훌륭하다.
- **번갯불에 콩 볶아 먹겠다** 행동이 매우 빠르다. 또는 안달하는 조급한 성질이다.
- **볶은 콩에 싹이 날까** 불에다 볶은 콩은 싹이 날 리가 없듯이, 아주 가망이 없다.
- **비둘기 마음은 콩밭에 가 있다** 다른 것에 정신이 팔려 지금 해야 할 일을 하지 못한다.
- **사또 밥상에 간장 종지 같다** 밥상 한가운데 놓는 간장 종지처럼 중요한 자리를 차지하고 있다.
- **손가락(손바닥)에 장을 지지겠다** 어떤 일을 하는 것에 대하여 도저히 할 수가 없을 것이라고 장담한다. 또는 내 말이 틀림없다.
- **솥 속의 콩도 쪄야 익지** 아무리 유리한 조건에 있다 할지라도 힘써 노력하지 않으면 아무것도 이루어지지 않는다.
- **숙맥이 상팔자** 콩인지 보리인지를 구별하지 못하는 사람이 팔자가 좋다는 뜻으로, 모르는 것이 마음 편하다.
- **콩 났네 팥 났네 한다** 대수롭지 않은 일을 가지고 서로 시비를 다툰다.
- **콩도 닷 말 팥도 닷 말** 어떤 것에 치우침 없이 공평한 경우를 말한다. 또는 이러나 저러나 모두 마찬가지임을 비유적으로 이르는 말이다.
- **콩밭에 가서 두부 찾는다** 몹시 성급하게 행동한다.
- **콩 볶아 먹다가 가마솥 깨뜨린다** 작은 재미를 보려고 어떤 일을 하다가 큰일을 저지른다.
- **콩 본 당나귀같이 흥흥한다** 좋아하는 것을 눈앞에 두고 무척 기뻐한다.
- **콩 심은 데 콩 나고 팥 심은 데 팥 난다** 모든 일은 근본에 따라 거기에 걸맞은 결과가 나타난다.
- **콩으로 메주를 쑨다 하여도 곧이듣지 않는다** 아무리 사실대로 말하여도 믿지 않는다.
- **콩을 팥이라고 우긴다** 사실과 다른 주장을 막무가내로 내세우며 억지스럽게 고집을 부린다.

관심을 가져야 할 오늘날의 콩

오늘날 우리가 먹는 콩에 특별히 관심을 가져야 해요. 왜 그럴까요?
수입하는 콩도 많고, 수입하는 콩에는 유전자 조작 콩도 있기 때문이에요.
우리 밥상에 빠지지 않는 먹을거리가 바로 콩이잖아요.
그래서 수입하는 콩이나 유전자 조작 콩에 관심을 가지고 지켜봐야 해요.
콩 농사를 많이 짓는 것 같은데 왜 수입을 많이 하느냐고요? 우리나라는 쌀만큼이나
콩을 많이 먹는데, 먹는 것보다 농사짓는 양이 턱없이 적기 때문이에요.
또 국내에서 재배하는 것보다 값이 싸면 수입을 하기도 하지요.

● **수입하는 콩은 무엇이 다를까요?**

우선 맛이 달라요. 우리가 콩을 가장 많이 수입하는 나라는
미국인데, 미국에서 기르는 콩은 대부분 기름을 짜는 데에
적합한 콩이에요. 우리처럼 콩으로 중요한 반찬을 만들어
먹기보다는 콩기름을 짜서 음식을 만들 때 쓰거나
가축의 사료로 쓰려고 기르기 때문이에요.
또 수입되는 콩에는 유전자 조작 농산물이 들어 있어요.
현재 세계 생산량 중에 60퍼센트가 넘는 콩이
유전자 조작 농산물이에요. 농작물 가운데 가장 높은
비율이지요. 유전자 조작 콩은 수입하는 것에만 있으니까,
음식 재료를 살 때 원산지를 보고 사야 해요.

수입 콩　　국산 콩

> ❖ **유전자를 조작한 콩**
>
> 20여 년 전에 미국의 몬산토라는 회사에서 처음 유전자 변형 콩을 생산하기 시작했어요. 유전자를 조작하는 까닭은 추위와 병해충을 이겨 낼 독성을 작물이 스스로 만들어 내도록 하려는 거예요. 생산량이 많아지는 장점이 있어요. 그런데 만들어진 지 얼마 되지 않아서 지금까지 사람 몸에 안전한지 또는 위험한지 확실하게 밝혀지지 않았답니다. 유전자 변형으로 새롭게 만들어 낸 단백질이 알레르기를 일으킬 위험이 있다고 주장하는 사람들도 있지요.

● **콩을 먹는 소가 많아요**

소는 원래 풀을 먹는 초식 동물이에요. 푸릇푸릇 싱싱한 풀, 마른 볏짚이나 콩깍지 등을 좋아해요.
그런데 요즘은 대량으로 많은 소를 기르고 또 살을 찌우려고 대개 사료를 주어요.
소가 먹는 사료에 콩이나 옥수수 같은 곡물이 많이 들어가요. 그러니까 요즘 시장에서 파는 고기를
사먹는다는 것은 곧 콩이나 옥수수를 먹는 것과 같아요.
유전자 조작 농산물이 사료에 들어갈 가능성도 매우
높아요. 소가 걸린다는 광우병 들어 봤나요?
포악한 행동을 하다가 쓰러져서 죽어 가는 무서운
병이에요. 사람에게도 전염된 적이 있어서
그 위험성이 더 알려졌지요. 아직 광우병의 원인은

난 콩보다 풀이 좋아.

뚜렷이 밝혀지지 않았어요. 다만 동물로 만든 사료를 먹여서 그럴 거라고 추측하고 있답니다. 풀을 좋아하는 초식 동물에게 동물의 단백질이 가득 든 사료를 많이 먹였으니 부작용이 생길 만해요. 콩이나 옥수수 같은 곡물로 사료를 만들어 먹이는 것도 역시 풀을 좋아하는 소에게 좋은 일은 아니겠지요. 고기는 많아지겠지만 소가 건강할 것 같진 않아요. 사람은 쌀과 콩 같은 곡물도 먹고, 배추나 시금치 같은 채소도 먹고, 또 소나 돼지와 같은 동물도 먹는 잡식 동물이에요. 건강한 음식을 먹기 위해서는 이러한 곡물, 채소 그리고 동물들이 사는 환경에도 관심을 가져야 해요.

고기를 먹을까? 콩을 먹을까? 지금 쑥쑥 자라고 있는 어린이들은 골고루 먹는 게 좋아요. 고기도 먹고 생선도 먹고 콩도 먹는 게 좋지요.

고기 참 좋아하지요? 골고루 다양한 음식을 먹는 건 좋지만, 채소와 함께 먹지 않고 고기만 한꺼번에 너무 많이 먹거나 소시지나 햄 같은 가공식품을 끼니마다 먹는다면, 건강에 좋지 않다는 것을 꼭 기억해 두세요.

오늘날 우리 농부들이 심는 콩 중에 유전자 조작 콩은 없어요.
대신 품종을 개량해서 맛도 좋고 잘 자라는 콩 씨앗도 많이 심고 토종 콩도 많아요.
할머니의 할머니의 할머니가 심던 콩을 지금도 심고 있는 거예요.
수천 년 동안 길러 먹었다는 것은 안전한 먹을거리라는 것을 증명해 주지요.

미래에도 건강한 콩을 먹으려면 어떻게 해야 할까요?

콩 마을을 다 둘러보았어요. 이제 콩으로 만든 된장찌개를 우리나라 사람들이 왜 가장 좋아하는지
알겠지요? 주식인 쌀밥과 맛과 영양이 잘 어울리고, 콩으로 만든 장과 여러 음식은
현대 과학의 눈으로 보아도 훌륭한 점이 많고 몸에도 좋다는 것이 증명되었어요.
우리에게 콩은 매우 중요한 곡식이에요. 하루도 콩을 밥상에 올리지 않는 날이 없지요.
콩은 언제나 우리 밥상에서 중요한 위치를 차지하고 있답니다.
이런 콩을 앞으로도 건강하게 먹으려면 어떻게 해야 할까요?

✽ 콩이 자랄 밭을 지켜야 해요

벼를 기르려면 논이 있어야 하듯이, 밭이 있어야 콩 농사를 지을 수 있어요.
우리는 아주 많은 양의 콩을 수입하고 있는데도 '농사짓는 땅(경지 면적)'은 점점 줄고 있어요. 요즘 해마다 약 1퍼센트씩
줄어들고 있대요. 그 까닭은 대부분 농사짓는 땅에 건물을 짓거나 도로를 내기 때문이에요.
새로이 농사짓는 땅을 개간해서 늘리려는 노력보다 현재의 논과 밭을 지키는 것이 더 쉽고 좋은 방법이에요.

✽ 흙이 건강해야 건강한 콩이 나와요

풀과 나무들은 흙에 뿌리를 내리고 자라고, 사람과 같은 동물은 그 풀과 나무에서
나오는 먹을거리를 먹으며 살아요. 흙이 있어서 식물과 동물이 살아갈 수 있는 거예요.
작물을 땅에 심어 직접 기르는 농부는 이런 사실을 잘 알고 있지요.
흙의 생태를 이해하면 자연스럽게 농약은 덜 쓰고, 썩지 않는 쓰레기는 버리지 않으며,
흙을 건강하게 만들 방법을 생각하게 되지요.

> 여러분은 흙을 어떻게 생각하나요?
> 혹시 더러워서 만지면 안 되고
> 또 쓰레기를 맘껏 버려도 되는 곳으로
> 생각하고 있나요?
> 흙은 생명이 살아가는 곳이에요.
> 농부의 마음으로 흙을 보면
> 달라 보일 거예요.

＊ 곡물 자급률을 올리고 우리 씨앗을 지켜요

우리나라의 '콩 자급률'은 10퍼센트가 채 되지 않아요. 무슨 뜻이냐고요? 우리나라에서 쓰는 콩 중에 90퍼센트를 다른 나라에서 수입해 온다는 거예요. 게다가 콩을 수입하는 양은 해마다 점점 늘고 있지요.
지금까지 알아본 것처럼 콩은 우리나라 사람들에게 매우 중요한 곡식인데, 거의 대부분을 외국 농부의 손에 맡기고 있다니 정말 놀랍고 한편 걱정이 되어요. 요즘은 지구 날씨가 불안정하고 예상할 수 없는 병해충이 생기기도 해요. 그래서 값이 오르면 콩이 비싸져서 사기 어려워질 수도 있고, 돈이 있어도 아예 살 수 없게 될 수도 있어요.
그리고 우리나라에서 본디부터 나고 자란 토종 콩 씨앗을 지키는 일도 중요해요. 또 종자를 개량하고 다양한 품종의 씨앗을 가져야 하지요. 씨앗이 없으면 어떤 작물도 재배할 수가 없어요. 씨앗의 수입도 늘고 있는데 벼나 콩과 같이 중요한 작물일수록 우리 땅에서 오랫동안 나고 자란 맛도 좋고 튼튼한 씨앗이 사라지지 않도록 이어가는 것이 중요하답니다.

수입되는 콩
90퍼센트

우리나라에서 생산한 콩
10퍼센트

> 농부들이 흥겹게 농사를 지을 수 있다면 농업이 튼튼해질 거예요.
> 농부들이 건강한 땅에서 걱정없이 농사 지을 수 있는 콩 마을이 점점 늘어나면 좋겠어요. 그래야 수확량이 늘어나서 콩 자급률도 높아질 거예요.

농업은 우리에게 식량을 만들어주어 생명을 이어가게 해 주는 중요한 산업이에요. 농업은 가장 오래된 산업이며, 동시에 미래에도 사라지지 않을 산업이지요. 식물의 뿌리와 같이 모든 산업의 기초가 된답니다. 이러한 농업의 중요성을 우리 모두가 알아야 자연스럽게 콩 수확도 늘어날 거예요. 콩 마을과 같이 농업을 이끄는 농촌에서 농부들이 살기가 좋아지고 농부들이 흥겹고 힘차게 일할 수 있는 환경이 된다면, 미래에도 우리는 건강하고 맛있는 콩을 누구나 안심하고 먹을 수 있어요.

❖ 콩의 다양한 쓰임

콩으로 밥상을 차리기만 하는 것은 아니에요. 과자, 빵, 햄 등을 만들 때 콩으로 만든 첨가물이 거의 다 들어가요. 또 비누, 샴푸, 세제, 접착제를 만들 때에도 들어간답니다. 또 어떻게 콩을 이용하는지 볼까요?

- **콩기름** 콩에서 짜낸 기름은 음식을 만들 때 써요. 또, 석유를 대신해서 버스의 연료로 쓰기도 한답니다. '바이오 연료'라고 불러요. 콩기름으로 책이나 신문을 인쇄할 때 쓰기도 하지요.
- **콩 섬유질** 콩기름을 짜고 나면 콩의 섬유질이 남아요. 그 섬유질로 플라스틱과 비슷한 물질을 만들어 식품을 포장할 때 쓰는 그릇을 만들기도 하고, 더욱 단단하게 만들어 집을 짓거나 자동차를 만들 때 재료로 쓰기도 하지요. 또 콩 섬유로 천을 짜기도 한답니다.

2

도감
콩과 식물

콩과 식물의 특징

콩(메주콩)은 '콩과 식물'에 속하는 식물이에요.
1부에서는 메주콩처럼 농사짓는 여러 가지 콩을 보았어요.
2부에서는 들과 산에서 자라는 '콩과 식물'을 보여줄 거예요.
토끼풀, 자운영 같은 풀도 모두 '콩과 식물'이에요.
'콩과 식물'에 속한 나무도 많아요. 등나무와 아까시나무,
싸리와 회화나무도 모두 '콩과 식물'이지요.

'콩과 식물'은 어떤 특징을 지니고 있을까요?
잎은 작은 잎(소엽)이 여러 장 달린 겹잎이에요.
메주콩처럼 소엽이 석 장인 것도 있고,
자귀나무처럼 수십 장이 달린 것도 있어요.
꽃은 나비 모양이에요.
활짝 피었을 때의 꽃 모양은 날개를 활짝 편 나비를 닮았어요.
꽃이 지고 난 자리에는 모두 조롱조롱 **꼬투리**를 맺어요.
토끼풀처럼 크기가 작은 꼬투리에도, 등나무처럼 큰 꼬투리에도
다 동글동글 콩알이 들어있어요.
줄기는 곧게 서는 줄기도 있고 덩굴지는 줄기도 있어요.
뿌리는 원줄기를 곧게 내리고 잔뿌리를 많이 뻗어요.
잔뿌리에는 대개 **뿌리혹박테리아**가 살지요.

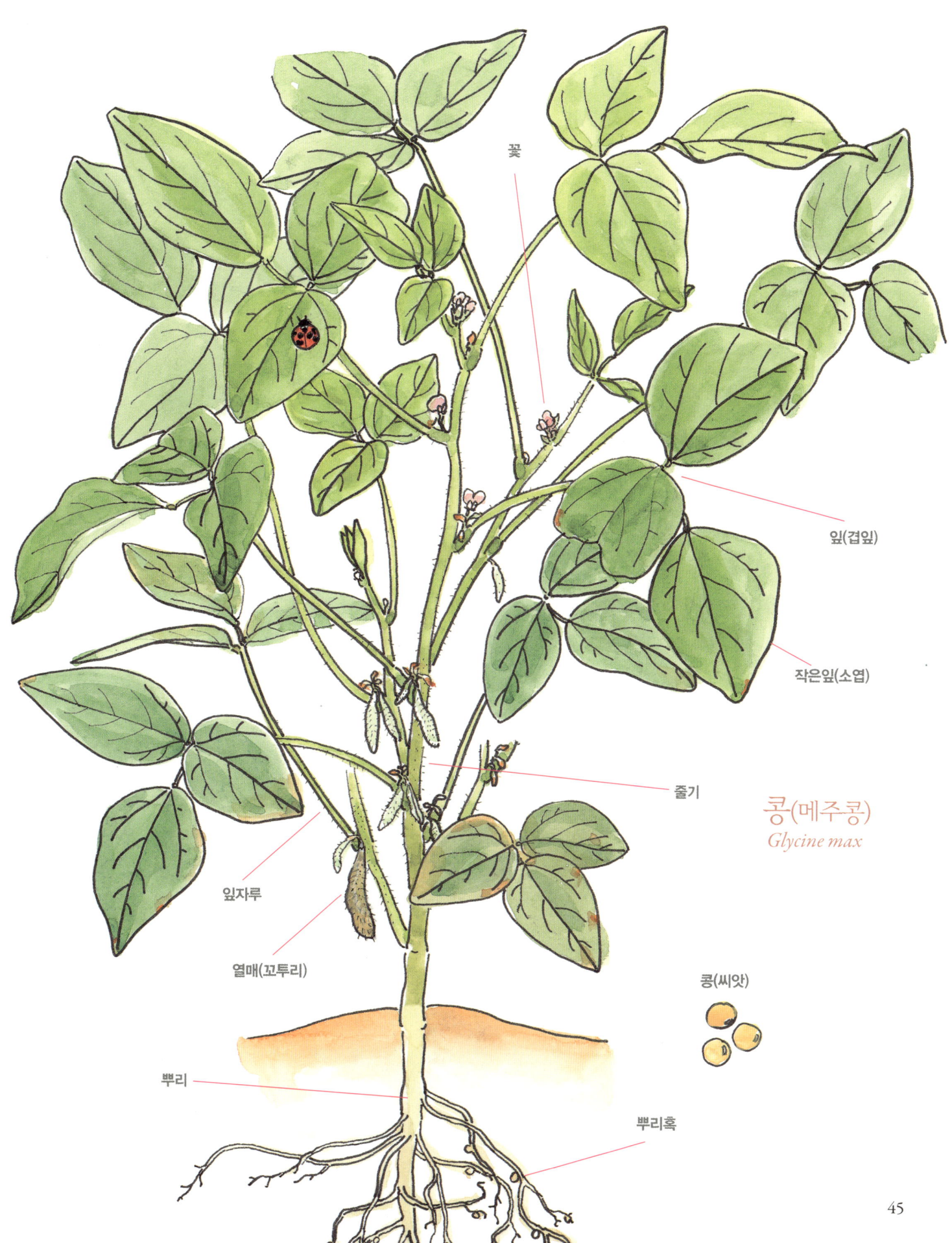

◆ 콩과 풀 ◆

나비나물 *Vicia unijuga*

여러해살이풀
높이 30~100cm
꽃 피는 때 8월
열매 맺는 때 가을

산 속 풀밭에서 자라요.
어린잎을 나물로 먹을 수 있어요.

줄기 곧게 자라거나 조금 비스듬히 자라요. 굵은 줄기는 모가 져 있어요.
잎 소엽은 두 장이고 잎 끝이 길게 뾰족해지는 모양이에요. 잎자루가 짧고, 턱잎이 있어요.
꽃 붉은 자주색이고, 긴 꽃대 끝에 여러 개가 줄줄이 피어요.
꼬투리 길이 3cm쯤이고 겉에 털은 없어요. 꼬투리 하나에 콩알이 4~5개씩 들어 있고, 가을에 검은 밤색으로 여물어요.

• 콩과 풀 •

돌콩 *Glycine soja*

한해살이풀
길이 2m
꽃 피는 때 7~8월
열매 맺는 때 8월

집 둘레나 들에서 흔하게 볼 수 있어요.
산기슭에서도 자라요.
온몸에 자잘한 털이 나 있어요.

줄기 덩굴지며 다른 물체를 감으며 자라요.
줄기가 가늘고 길어요.
잎 소엽은 석 장이고 타원형이에요. 잎자루가 길어요.
꽃 연한 보랏빛이고, 꽃줄기는 짧고
여러 송이가 모여 달려요.
꼬투리 길이 2~3cm이며 거센털이 나 있어요.
작은 콩알이 3~4개 들어 있고 검게 익어요.

◆ 콩과 풀 ◆

꼬투리

매듭풀
Kummerowia striata

한해살이풀
높이 10~30cm
꽃 피는 때 8~9월
열매 맺는 때 9월

양지바른 길가에서 잘 자라요.
키가 작고 가지를 많이 치며 자라요.

줄기 아래쪽은 조금 비스듬히 자라고,
가는 가지가 많이 갈라져요.
잎 소엽 석 장이고 길쭉한 타원형이에요.
잎자루가 짧아요.
꽃 연분홍색이고 크기가 작아요.
잎겨드랑이에서 1~2송이씩 피어요.
꼬투리 둥글고, 씨앗이 하나씩 들어 있어요.

◈ 콩과 풀 ◈

살갈퀴
Vicia angustifolia var. segetilis

두해살이풀
길이 60~150cm
꽃 피는 때 5월

들이나 밭에서 흔하게 자라요.
줄기와 잎은 집짐승의 먹이로 쓰고,
열매는 먹을 수 있어요.

줄기 길게 자라고 비스듬히 뻗으며 자라요.
줄기는 네모진 모양이에요.
잎 소엽 6~14장이 달리고,
겹잎의 끝은 갈라진 덩굴손이 되어요.
잎자루가 짧고, 작은 턱잎이 있어요.
꽃 붉은 자주색이고 잎겨드랑이에
1~2송이씩 달려요.
꼬투리 길이 3~4cm이고 겉에 털은 없어요.
거무스름한 씨앗이 10개쯤 들어 있어요.

꼬투리

49

◆ 콩과 풀 ◆

꼬투리

새팥
Vigna angularis var. nipponensis

한해살이풀
길이 2~3m
꽃 피는 때 8월

풀숲이 있는 길가나 밭둑에서
많이 볼 수 있어요.
덩굴지어 다른 나무나 풀을
감으면서 자라요.

줄기 가늘고 길게 뻗어요.
잎 소엽이 3장이고 달걀꼴이에요.
잎자루가 길고, 작은 턱잎이 있어요.
꽃 노란색이며, 기다란 꽃줄기 끝에
2~3송이씩 피어요.
꼬투리 길이가 4~5cm이며,
익으면 검게 되어요.
씨앗은 팥과 생김새가 비슷하고
크기는 좀 더 작아요.

◈ 콩과 풀 ◈

얼치기완두
Vicia tetrasperma

한해살이 또는 두해살이풀
길이 30~60m
꽃 피는 때 5~6월

해가 잘 드는 산이나 들의 풀밭에서 자라요.
추운 지역보다 따뜻한 곳에서 많이 나요.
줄기, 잎, 꽃, 열매가 모두 작고 가늘어요.

줄기 아주 가늘고 덩굴지어 자라요.
잎 소엽은 길쭉하며 6~12장씩 달려요.
겹잎의 끝은 덩굴손이 되어요.
잎자루는 아주 짧고, 작은 턱잎이 있어요.
꽃 연한 보랏빛이고 긴 꽃줄기 끝에
1~3송이씩 달려요.
꼬투리 길이는 1cm쯤으로 작고,
겉에 털은 없어요. 꼬투리 하나에 작은 씨앗이
3~6개씩 들어 있어요.

꼬투리

◈ 콩과 풀 ◈

꼬투리

자귀풀
Aeschynomene indca

한해살이풀
높이 50~80cm
꽃 피는 때 7~8월
열매 맺는 때 9~10월

물기가 많은 땅에서 잘 자라요.
잎 모양이 자귀나무와 비슷해요.
잎을 차로 끓여 먹기도 해요.

줄기 곧게 자라고 풀색을 띠어요.
털은 거의 없고, 줄기의 윗부분은
속이 비어 있어요.
잎 소엽이 40~60장씩 달려요.
긴 타원형이고 빽빽하게 줄지어 달려요.
날이 흐리거나 밤이 되면 잎을 마주 접어요.
잎자루가 짧고, 끝이 뾰족한 턱잎이 있어요.
꽃 노란색이고 2~3송이씩 피어요.
꼬투리 길이 3~5cm이고, 겉에 털은 없어요.
납작하고 씨앗마다 마디가 져요.
씨앗이 6~8개씩 들어 있어요.

◆ 콩과 풀 ◆

꼬투리

자운영
Astragalus sinicus

한해살이 또는 두해살이풀
높이 10~25cm
꽃 피는 때 4~5월
열매 맺는 때 5월

따뜻한 지역에서 잘 자라요.
밭둑에도 많고, 거름으로 쓰려고
논에 심기도 해요.
어릴 때 나물로 먹으면 맛이 좋아요.

줄기 아래쪽에서 가지를 많이 치며 자라요.
잎 소엽은 9~11개이고 타원형인데,
끝이 동글어요.
꽃 봄에 붉은빛을 띠고 피어요.
7~10송이씩 우산 모양으로 둥글게 모여 달려요.
꼬투리 길이 2~2.5cm이고, 납작하고
모가 져 있어요. 꼬투리 하나에
누르스름한 씨앗이 2~5개씩 들어 있어요.

◈ 콩과 풀 ◈

꼬투리

토끼풀
Trifolium repens

여러해살이풀
높이 15~20m
꽃 피는 때 6~7월
열매 맺는 때 7월

해가 잘 드는 들판에서 무더기로 모여 자라요.
토끼나 소 같은 집짐승들이 좋아하는 먹이예요.
거름으로도 써요.

줄기 땅으로 길게 뻗으며 자라요.
마디에서 잎자루가 올라오고 뿌리가 내려요.
잎 소엽이 3장씩 달려요. 가끔 4장인 것도 있어요.
잎 가장자리에 자잘한 톱니가 있고, 잎자루가 길어요.
꽃 흰색이거나 연한 분홍색이에요.
꽃줄기 끝에 여러 송이가 머리 모양으로 둥글게 모여 피어요.
시든 다음에도 떨어지지 않고 열매를 둘러싸지요.
꼬투리 길이 1cm쯤이고, 꼬투리 하나에
씨앗이 4~6개 들어 있어요.

• 콩과 풀 •

꼬투리

활나물
Crotalaria sessiliflora

한해살이풀
높이 20~70cm
꽃 피는 때 7~9월
열매 맺는 때 9~10월

들이나 산의 해가 잘 드는 풀밭에서 자라요.
약으로 많이 써요.
꽃을 보려고 화단에 심어 기르기도 해요.

줄기 곧게 자라고, 가지는 거의 치지 않아요.
긴 밤색 털이 많이 나 있어요.
잎 길고 끝이 뾰족해요.
턱잎이 있고, 잎자루는 거의 없어요.
꽃 푸른 보랏빛이고 줄기 끝에 모여 피어요.
꼬투리 길이 1cm정도이고 타원형이에요.
검게 익으면 두 쪽으로 갈라져요.
크기가 작은 씨앗이 10개쯤 빼곡히 들어 있어요.

◆ 콩과 나무 ◆

꼬투리

등나무
Wisteria floribunda for. *floribunda*

여러해살이 식물
길이 10m
꽃 피는 때 4~5월
열매 맺는 때 9~10월

꽃을 보거나 그늘을 만들려고
운동장이나 공원에 심어 길러요.
산에서 저절로 자라기도 해요.
줄기로 바구니 같은 물건을 만들어요.

줄기 줄기가 서로 감기며 자라요.
심어 기를 때에는 버팀대를 세워 주어야 해요.
잎 소엽 11~19장이고, 끝이 뾰족한 달걀 모양이에요.
아래로 늘어지며 자라요.
꽃 연한 보라색이고 꽃들이 주렁주렁 모여 달려요.
꽃향기가 좋아요.
꼬투리 길이 10~20cm쯤이고, 검게 익어요.
겉에 작고 부드러운 털이 빽빽이 나 있어요.
씨앗이 10개 남짓 들어 있고,
익으면 2갈래로 갈라지면서 밤색 씨앗이 나와요.

◆ 콩과 나무 ◆

꼬투리

박태기나무
Cercis chinensis

여러해살이 식물
높이 3~5m
꽃 피는 때 4월
열매 맺는 때 9월

잎보다 먼저 꽃이 피어요.
꽃을 보려고 공원이나 마당에 심어 길러요.
메마르고 거친 땅에서도 잘 자라요.
줄기나 뿌리를 약으로 써요.

줄기 흰색이 도는 잿빛이고, 떨기나무예요.
떨기나무는 키가 작고 밑동에서 가지를 많이 치는 나무예요.
잎 둥글고 끝은 뾰족하고 아랫부분은 심장 모양이에요.
잎몸은 두꺼워요.
꽃 붉은 자줏빛이고, 잎이 나기 전에 꽃이 먼저 피어요.
작은 꽃이 7~8송이씩 둥글게 모여 피어요.
꽃대가 짧아서 줄기에 딱 붙어 있는 것처럼 보여요.
꼬투리 길이 7~12cm이고, 납작하고 끝이 뾰족해요.
동글납작한 씨앗이 5~8개씩 들어 있어요.

◆ 콩과 나무 ◆

싸리나무
Lespedeza bicolor

여러해살이 식물
높이 2~3m
꽃 피는 때 7~8월
열매 맺는 때 10월

산에서 흔하게 자라고,
집 둘레에 심어 기르기도 해요.
탄력이 좋아서 광주리 같은 물건도 만들고,
화살을 만드는 데에도 썼어요.
줄기를 엮어서 집 울타리로도 써요.

줄기 키가 작은 떨기나무로, 줄기가 가늘고
여러 대가 포기를 이루며 모여 나요.
가느다란 가지를 많이 치며 자라요.
잎 소엽이 3장이고, 달걀 모양이에요.
잎 끝이 둥글면서 오목하게 살짝 들어가기도 해요.
꽃 자줏빛이거나 붉은 보랏빛이에요.
꽃줄기 끝에 모여 달려요.
꼬투리 길이 7~8mm이고, 타원형이에요.
가을에 밤색으로 익고, 씨앗이 한 개씩 들어 있어요.
씨앗은 작은 강낭콩 모양이고 검게 익어요.

꼬투리

◈ 콩과 나무 ◈

아까시나무
Robinia pseudoacacia

여러해살이 식물
높이 20~25m
꽃 피는 때 5월
열매 맺는 때 6월

봄에 꽃이 피면 진한 꽃향기가 퍼지고
꿀이 많아서 벌들이 많이 모여요.
메마르고 거친 땅에서도 잘 자라요.

줄기 곧게 자라고, 억센 가시가 나 있어요.
잎 소엽 9~19장이고,
달걀 모양이거나 타원형이에요.
꽃 흰색인데 누르스름한 빛이 돌기도 해요.
여러 개가 아래로 늘어지며 송이송이 달려요.
꼬투리 길이 5~10cm이고, 길고 납작해요.
가을에 밤색으로 익고, 씨앗이 5~10개씩 들어 있어요.
씨앗은 강낭콩 모양인데 조금 납작해요.

◆ 콩과 나무 ◆

꼬투리

자귀나무
Albizia julibrissin

여러해살이 식물
높이 3~5m
꽃 피는 때 6~7월
열매 맺는 때 9~10월

꽃 모양이 독특해서 눈에 잘 띄어요.
꽃잎이 없고 자잘한 수술이
깃털처럼 모여 있지요.
해가 잘 드는 산에서 자라는데,
꽃을 보려고 골목길이나 공원에
심어 기르기도 해요.

줄기 키가 작은 나무예요. 줄기가 굽거나 비스듬히 자라요.
잎 겹잎이 다시 소엽을 이루며 달려서 잎 한 장을 이루어요.
깃털 같은 소엽이 14~24장 달려요. 밤이 되면 잎을 마주 접어요.
꽃 연분홍색이고 가지 끝에 10~20송이씩 둥글게 모여 피어요.
꽃 한 송이에 실 같이 긴 수술이 20~25개 있어요.
꼬투리 길이 15cm쯤이고, 길고 납작해요.
밤색으로 익고, 납작한 씨앗이 5~6개 들어 있어요.

• 콩과 나무 •

칡
Pueraria lobata

여러해살이 식물
길이 10m
꽃 피는 때 7~8월
열매 맺는 때 9~10월

산의 양지에서 자라요.
산기슭의 밭둑에도 많이 나지요.
오래된 뿌리는 굵고 녹말을 많이 저장하고 있어서,
음식을 만들어 먹거나
즙을 내서 먹어요.
약으로도 써요.

줄기 어린 가지에 긴 밤색 털이 많이 나 있어요.
땅을 기거나 다른 나무를 타고 오르며 자라지요.
잎 소엽은 3장이고 둥그런 마름모 모양이에요.
소엽이 2~3개로 얕게 갈라지기도 해요.
잎자루가 길고 털이 나 있어요.
꽃 짙은 붉은빛이고,
긴 꽃줄기에 빽빽이 모여 피어요.
꼬투리 길이 4~9cm이고 납작해요.
털로 덮여 있고 익으면 밤색이 되어요.
씨앗은 강낭콩 모양인데,
크기는 조금 더 작아요.

꼬투리

61

• 콩과 나무 •

꼬투리

회화나무
Sophora japonica

여러해살이 식물
높이 10~30m
꽃 피는 때 7~8월
열매 맺는 때 10월

산이나 들에서 자라는
키가 큰 나무예요.
크게 자라고 오래 살아서
마을 근처에 많이 심어 길러요.
꽃과 열매는 약으로 써요.

줄기 곧고 크게 자라요.
오래된 나무껍질은 진한 잿빛이고,
어린 가지는 풀색을 띠어요.
잎 소엽 7~17장이고 달걀 모양이에요.
아까시 잎과 비슷한데
회화나무 잎 끝이 더 뾰족해요.
꽃 노란빛이 도는 흰색이에요.
가지 끝에 원뿔 모양을 이루며 모여 피어요.
꼬투리 길이 5~8cm이고,
잘록잘록해서 구슬을 이어놓은 것 같아요.
씨앗이 1~4개 들어 있고, 검게 익어요.
익어도 꼬투리가 벌어지지 않아요.

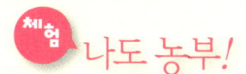 나도 농부!

집에서 콩나물을 길러 보아요

콩은 땅에서 햇빛을 받으며 자라면 푸른 싹을 띄우고, 콩나물시루에서 햇빛을 막고 기르면 콩나물이 되어요.
옛 사람들은 싱싱한 채소가 부족한 겨울에 방안에서 콩나물을 길러 먹었어요.
요즘에는 언제나 길러먹지요. 우리도 길러 볼까요?

먼저 콩나물을 기를 준비물을 챙겨 보아요.

콩나물시루의 구멍이 크면, 베를 깔거나, 볏짚, 솔가지를 깔아요.
물이 고여 있지 않고 졸졸 빠져 나갈 수 있게 만들어요.
빈 페트병을 재활용해서 바닥에 구멍을 뚫어서 길러도 좋아요.
또 쓰지 않는 주전자나 화분을 깨끗이 씻어서 써도 돼요.

콩나물콩 / 시루 / 물받이 그릇 / 받침대 / 햇빛을 가릴 검은 천

콩나물 기르기

❶ 썩은 콩이 섞이면 다른 콩도 썩기 때문에 건강한 콩만 골라요.

❷ 마른 콩은 하룻밤 물에 담가 불리면 싹이 뾰족뾰족 돋아요.

❸ 싹이 돋은 콩을 콩나물시루에 부어요. 시루의 1/3을 넘지 않게 넣어요. 콩나물이 쑥쑥 자라면 시루가 비좁아지기 때문이에요.

> 빛을 쐬면 콩나물 대가리가 푸르러져요.

❹ 햇빛이 들어가지 않게 도톰하고 넓은 검은색 보자기로 콩나물시루를 덮어요.

> 깨끗하고 차가운 물을 자주 뿌려 주어야 콩나물이 잘 자라고 맛도 좋아요.

❺ 하루에 물을 5~6번쯤 고루고루 듬뿍 주세요. 물을 적게 주면 잔뿌리가 많아져요. 주전자 시루에 기를 때에는 물을 가득 담았다가 뚜껑을 닫고 물을 따라내어요.

❻ 여름에는 5일이면 다 자라고, 겨울에는 일주일 정도 지나면 먹기 좋게 자라요.

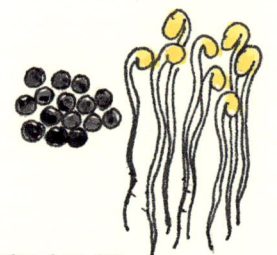

❼ 콩나물이 먹기 좋게 자랐어요. 보관할 때에도 햇빛이 직접 닿지 않게 두어야 콩나물이 푸르게 되지 않아요.

❖ '콩나물콩'이 따로 있나요?

모든 콩으로 콩나물을 기를 수는 있지만, 메주콩보다 크기가 큰 것으로 콩나물을 기르면 나물이 잘 자라지 않고, 또 맛도 적답니다. 그래서 대개 메주콩으로 콩나물을 기르거나 메주콩보다 크기가 작은 콩으로 콩나물을 길러 먹어요. 가게에서 파는 씨앗 중에서는 콩나물이 되지 않는 콩도 있으니까, 가게에서 살 때에는 '콩나물콩'을 달라고 하세요.

쥐눈이콩과 콩나물
콩알이 작은 쥐눈이콩으로도 콩나물을 길러 먹을 수 있어요. 햇콩으로 길러야 콩나물이 잘 자라요.

녹두와 숙주나물
녹두로 나물을 낸 것은 '숙주나물'이라고 해요. 우리나라뿐만 아니라 중국, 베트남, 타이 등 여러 나라에서 즐겨 먹는 나물이에요.

콩이 콩나물로 변신을 하면 모양과 맛만 변하는 게 아니에요. 영양도 보태진답니다.
콩에는 단백질이 많다고 했지요? 콩나물이 되면 머리에는 단백질이 거의 그대로 남아있고,
자라난 나물에는 비타민을 비롯해서 여러 영양소가 생겨나요.
머리나 꼬리를 떼지 않고 깨끗이 씻어 통째로 먹어야 콩나물의 여러 영양을 모두 섭취할 수 있지요.
쌀, 콩, 콩나물, 이렇게 세 가지 재료만으로 밥상을 차려도 탄수화물, 단백질, 비타민 등
여러 영양소를 골고루 갖춘 훌륭한 밥상이 된답니다.

● **우리나라에서만 먹는 콩나물**

콩나물을 언제 처음 먹기 시작했는지 알 수 없지만, 고려를 세운 왕건 때에 콩나물을 먹었다는
기록이 있어요. 그렇다면 적어도 삼국 시대부터 콩나물을 길러 먹었을 거예요.
그런데, 그거 알아요? 콩나물은 우리나라에서 처음 길러 먹었고,
지금도 우리나라에서만 콩나물을 길러 먹는답니다.
다른 나라 사람들이 맛있는 콩나물을 모른 채 먹지 않는다니 아쉬워요.
앞으로 우리 음식이 더욱 널리 알려진다면 김치나 불고기처럼 콩나물로 만든 음식도
다른 나라 사람들과 함께 즐겨 먹는 음식이 될 수 있을 거예요.

약으로 먹은 콩나물
중국에서는 콩나물을 음식으로 먹지 않지만 약재로 썼어요.
콩의 싹을 낸 것을 약으로 썼다고 해요.
우리나라 의학 책에도 콩나물을 약으로 먹는다는 기록이 있답니다.

> 콩나물을 누가 처음 길렀을까요? 기록되어 있지 않아서 알 수는 없어요.
> 누군가가 여러 번 실패를 거듭하다가 콩나물 기르는 방법을 알아냈을 거예요.
> 어쩌면 여럿이 함께 연구했을지도 모르지요.
> 콩나물뿐만 아니라 콩을 농사짓고 간장과 된장을 만든 사람들도 참 고마워요.
> 역사는 기록하지 않았지만 맛있고 영양 많은 콩으로
> 장과 콩나물을 만들어 낸 사람들은
> 수천 년 동안 수많은 사람들에게 맛있는 음식을 먹을 수 있게 해 주었으니,
> 참 훌륭하고 위대한 발명가가 아닐까요?

❖ 참고 도서

권오길 《흙에도 뭇 생명이》 지성사, 2009
김바다 글·사진, 김주리 그림 《내가 키운 채소는 맛있어!》 한림출판사, 2012
김아리 글, 정수영 그림 《밥 힘으로 살아온 우리 민족》 아이세움, 2011
김종덕·김단비 글, 홍원표 그림 《어린이 먹을거리 구출 대작전》 웃는돌고래, 2011
김진석·김태영 《한국의 나무》 돌베개, 2011
김창석 글, 안경자 외 그림 《세밀화로 그린 보리 어린이 풀 도감》 보리, 2008
담비사 모요 글, 김진경 옮김 《죽은 원조》 알마, 2012
데이비드 몽고메리 글, 이수영 옮김 《문명이 앗아간 지구의 살갗, 흙》 삼천리, 2010
도토리 기획, 정지윤 그림 《다 콩이야》 보리, 2005
리자 가르니에 글, 전혜영 옮김 《세계 농작물 지도》 현실문화, 2012
박원만 《텃밭 백과》 들녘, 2007
백인열 외 글 《알콩달콩, 우리 콩 이야기》 도서출판 기역, 2011
브루스터 닌 글, 안진환 옮김 《누가 우리의 밥상을 지배하는가》 시대의창, 2010
(사)한국작물학회 글 《우리 몸을 지켜주는 식량작물 이야기 50》 CIR(씨아이알), 2012
수잔네 파울젠 글, 김숙희 옮김, 이은주 감수 《식물은 우리에게 무엇인가》 풀빛, 2002
신동원 글, 임익종 그림 《한국 과학사 이야기 2》 책과함께어린이, 2011
안철환 《도시사람을 위한 주말농사 텃밭 가꾸기》 들녘, 2001
에리크 프레딘·프레데리크 리자크 글, 이효숙 옮김 《어린이를 위한 식물의 역사와 미래》 초록개구리, 2011
요시다 도시미찌 글, 홍순명 옮김 《잘 먹겠습니다》 그물코, 2007
요시다 타로 글, 김석기 옮김 《농업이 문명을 움직인다》 들녘, 2011
요아힘 라트카우 글, 이영희 옮김 《자연과 권력》 사이언스북스, 2012
윤용현 《전통 속에 살아 숨 쉬는 첨단 과학 이야기》 교학사, 2012
윤주복 《나무 해설 도감》 진선북스, 2010
이창복 《대한식물도감》 향문사, 1999
이학준 《나의 애완 텃밭 가꾸기》 들녘, 2010
임숙영, 현계영, 구자춘 《생생쏙도감 씨앗》 동아사이언스(과학동아북스), 2007
전의식 글, 권혁도 외 그림 《보리 어린이 식물도감》 보리, 1998
제임스 B. 나르디 글, 노승영 옮김 《흙을 살리는 자연의 위대한 생명들》 상상의숲, 2009
조셉 젠킨스 글, 이재성 옮김 《똥 살리기 땅 살리기》 녹색평론사, 2005
프랜씨스 라페 글, 허남혁 옮김 《식량에 관한 열두 가지 신화, 굶주리는 세계》 창비, 2003
프랭클린 히람 킹 글, 곽민영 옮김 《유기농업의 원류—중국·한국·일본, 4천 년의 농부》 들녘, 2006
한국콩박물관건립추진위원회 편 《콩》 고려대학교출판부, 2006
한복려 《밥》 뿌리깊은나무, 1997
히라야마 카주코 글·그림, 엄기원 옮김 《콩》 한림출판사, 2010

- **잡지** : 《생태》, 《자연과생태》, 《전라도닷컴》
- **사전** : 국립국어원 표준국어대사전 http://stdweb2.korean.go.kr/
- **사이트** : 경기도농업기술원 http://www.nongup.gyeonggi.kr/
  국가생물종지식정보시스템 http://www.nature.go.kr/
  국가통계포털 http://kosis.kr/
  농림수산식품부 www.maf.go.kr
  농촌진흥청-어린이체험관 http://www.rda.go.kr/children/
  사이버콩세계과학관 http://www.soyworld.org
  쌀박물관 http://www.rice-museum.com/
  통계청 http://www.kostat.go.kr
  한국농수산식품유통공사 http://www.at.or.kr
  한국농촌경제연구원 http://www.krei.re.kr/